U0050496

SeaEagle

SeaEagle

卡內基 Carnegie

人性的優點。

戴爾・卡內基 著
雲中軒 譯

最暢銷勵志經典

全新譯本 NEW VERSION

How to Stop Worrying and Start Living

《如何停止憂慮，開創人生》
卡內基三大經典著作 人類出版史上的奇蹟

我從八歲就開始讀卡內基先生的著作，
現在的年輕人們，你們越早讀卡內基的作品，
你們的人生就會越早獲得啟發。 ——**華倫・巴菲特** *Warren Buffett*

前言

《人性的優點》的核心內容，是向人們講述如何停止憂慮，並且積極開創新的生活，所以本書又名《如何走出憂慮的人生》。

《人性的優點》問世於一九四八年，它和《人性的弱點》、《語言的突破》一樣，是卡內基成人教育班的三種主要教材之一。本書出版以後，就在全球暢銷不衰，被譽為「克服憂慮、獲得成功的必讀書籍」、「世界勵志聖經」。

卡內基認為，憂慮是人類面臨的最大問題之一。為了寫作本書，他閱讀曾經面臨嚴重危機的著名人物的傳記，從中找出這些名人解決問題的方法，又向眾多人士請教他們克服憂慮的方法，並且結合自身的經歷，整理出一套克服憂慮的法則。

在這本書中，卡內基要告訴你：

如何走出人生的陷阱？

如何充分瞭解自己、相信自己，養成良好的習慣？

如何從憂慮中解脫出來，創造幸福美好的人生？

這其中，都是非常寶貴而有效的生活經驗，對每個尋找快樂和幸福的人大有裨益。

相信這本充滿智慧和力量的書，可以讓你瞭解自己、相信自己，充分開發蘊藏在內心而尚未利用的財富，發揮人性的優點，開拓成功幸福的新生活之路。

目錄

第二章 分析憂慮的方法

第三章 改掉憂慮的習慣

一第四章一
做自己情緒的主人

一第五章一
有夢想的人生更精彩

一第一章一

如何對待憂慮？

How to Stop
Worrying and Start Living
Carnegie

改變人們一生的二十一個字

一八七一年春天，一個年輕人，作為一位蒙特婁綜合醫院的醫學系學生，他的生活充滿憂慮：怎樣才可以通過期末考試？應該做什麼事情？應該到什麼地方？怎樣才可以開業？怎樣才可以謀生？他拿起一本書，看到對自己的前途有很大影響的二十一個字。

這二十一個字，使這位年輕的醫學系學生成為當時最著名的醫學家，創建聞名全球的約翰・霍普金斯大學醫學院，成為牛津大學醫學院的欽定講座教授——這是大英帝國醫學界所能得到的最高榮譽——並且被英國國王封為爵士。死後，記述他一生經歷的兩大卷書有一千四百六十六頁。

他就是威廉・奧斯勒爵士。一八七一年春天，他看到的二十一個字，幫助他度過無憂無慮的一生。這二十一個字是：「重要的是：不要看遠處模糊的，去做手邊清楚的事情。」是湯瑪斯・卡萊爾所寫的。

四十二年之後的一個溫暖的春夜裡，在開滿鬱金香的校園中，威廉・奧斯勒爵士向耶魯大學的學生發表演講。他對耶魯大學的學生說，像這樣一個人，曾經在四所大學擔任教授，寫過一本很受歡迎的書，似乎應該有「特殊的頭腦」，其實不然。他的一些好朋友說，他的頭腦是「普通」的。

他成功的秘訣是什麼？他認為，是因為自己生活在「完全獨立的今天」中。「完全獨立的今天」，這句話是什麼意思？去耶魯大學演講的幾個月以前，他乘坐一艘很大的郵輪橫渡大西洋。他看見船長站在駕駛艙裡按下一個按鈕，在一陣機器運轉的響聲以後，船的幾個部分立刻彼此隔絕——隔成幾個防水的艙室。奧斯勒博士對耶魯大學的學生說：「你們每個人的機制都要比那艘郵輪更精美，而且要走的航程更遙遠。」

我想要奉勸諸位：你們應該學會控制自己的一切。只有生活在「完全獨立的今天」中，才可以在航行中確保安全。在駕駛艙中，你會發現那些艙室各有用處。按下一個按鈕，注意觀察生活中的各個方面，用鐵門把過去隔斷——隔斷那些已經逝去的昨天；按下另一個按鈕，用鐵門把未來隔斷——隔斷那些尚未誕生的明天。然後，你就安全了——你擁有所有的今天……切斷過去。埋葬已經逝去的昨天，切斷那些會把傻子引上死亡之路的昨天……明天的負擔加上昨天的負擔，將會成為今天的最大障礙。要把未來像過去那樣，緊緊地關在門外……未來就是在於今天……從來不存在於明天，人類得到拯救的日子就是現在。精力的浪費、精神的苦悶，都會緊緊伴隨一個為未來擔憂的人……把船前船後的船艙全部隔斷吧！準備養成一個良好的習慣。生活在「完全獨立的今天」中，奧斯勒博士是不是主張人們不必盡力為明天做準備？不是，絕對不是。在那次演講中，他接著說，集中所有的智慧，所有的熱忱，把今天的工作做得盡善盡美，這就是你迎接未來的最好方法。

奧斯勒博士鼓勵耶魯大學的學生在每天開始的時候，吟誦以下這句祝詞：「在這一天，我們將會得到今天的麵包。」

記住，這句祝詞只要求今天的麵包，沒有抱怨昨天我們吃的酸麵包，也沒有說：「噢，天啊，麥田最近很乾枯，我們可能又遇到一次旱災。我們到秋天還可以吃到麵包嗎？或是，如果我失業了，那個時候，我要怎樣弄到麵包？」

這句祝詞告訴我們，只可以要求今天的麵包，而且我們可能吃到的麵包，也只有今天的麵包。

很久以前，一個身無分文的哲學家，流浪到一個貧瘠的鄉村，那裡的人們過著非常艱苦的生活。一天，一群人在山頂上聚集到他的身邊，他說出一段也許是有史以來引用最多的名言。這段話只有二十六個字，卻經歷幾個世紀，世世代代地流傳下來：「不要為明天憂慮，明天有明天的憂慮，一天的難處一天受就夠了。」

很多人不相信耶穌的這句話「不要為明天憂慮」，把它當作多餘的忠告，把它看作東方的神秘之物，始終不願意相信。他們說：「我必須為明天憂慮，我必須為我的家人保險。我必須把錢存起來以備將來年紀大的時候用，我必須為將來計畫和準備。」

是的，這一切都必須做。實際上，耶穌的那句話是三百多年以前翻譯的。現在「憂慮」一詞代表的意義，與當年詹姆士王朝代表的意義大相徑庭。三百多年以前，「憂慮」一詞經常還有焦急的意思。新譯

《聖經》把耶穌的這句話翻譯得更準確：「不要為明天著急」。

是的，一定要為明天著想，小心地考慮、計畫、準備，可是不要擔憂。

戰爭時期的軍事領袖必須為將來謀劃，可是他們絕對不能有絲毫的焦慮。指揮美國海軍的海軍上將恩斯特・金恩說：「我把最好的裝備提供給最優秀的人員，再交給他們一些看起來很卓越的任務。我可以做的僅此而已。」

他又說：「如果一艘船沉沒，我無法把它撈起來。如果船一直下沉，我也無法阻止它。我把時間花費在解決明天的問題上，比為昨天的問題後悔更好。況且，如果我總是為這些事情擔心，我無法支撐太久。」

無論是戰時還是平時，好主意和壞主意之間的區別就是在於：好主意可以考慮到前因後果，進而產生符合邏輯而且具有建設性的計畫；壞主意會導致一個人變得緊張和精神崩潰。

最近，我很榮幸地拜訪亞瑟・蘇茲伯格，他是世界上著名的《紐約時報》的發行人。蘇茲伯格先生告訴我，第二次世界大戰的戰火蔓延歐洲的時候，他感到非常驚訝。對前途的憂慮，使他徹夜難眠。他經常半夜從床上爬起來，拿著畫布和顏料，看著鏡子，想要畫一張自畫像。他對繪畫一無所知，但是為了使自己不再擔心，他還是畫著。最後，他用一首讚美詩中的五個字作為自己的座右銘，最終消除憂慮，得到平安。這五個字是：「一步已足矣」。

指引我，仁慈的光線……
讓你經常在我腳旁，
我不想看到遠方的風景，
一步已足矣。

大概就在這個時候，有一個當兵的年輕人——在歐洲的某地——也同樣地學到這一點。他的名字是泰德·班傑米諾，住在馬里蘭州的巴爾的摩城紐霍姆路五七一六號——他曾經憂慮得幾乎完全失去鬥志。

泰德·班傑米諾寫道：「一九四五年四月，我憂慮得罹患一種被醫生稱為結腸痙攣的疾病，這種疾病使人極其痛苦。我想，假如戰爭不在那個時候結束，我整個人就會崩潰了。」

「當時，我筋疲力盡。我在第九十四步兵師擔任士官職務，工作是製作一份作戰中傷亡和失蹤的情況記錄，還要幫助挖掘那些在激戰中死亡以後被匆忙埋葬的士兵，把他們的遺物送還給他們的親友。我一直擔心自己會出事，懷疑自己是否可以熬過這段時間，懷疑自己是否可以活著回去抱那個尚未見面的十六個月的兒子。我如此憂慮又疲憊不堪，瘦了三十四磅，差一點發瘋。我看著自己的雙手變得皮包骨頭，想到自己瘦弱不堪地回家就會害怕。我崩潰了，經常獨自哭得渾身發抖。有一段時間，也就是德軍最後反攻開始不久，我經常哭泣，甚至放棄還可以恢復正常生活的希望。」

「最後，我住進醫院，一位軍醫給我一些忠告，改變我的生活。我做完一次全面身體檢查之後，他告訴我，我的問題只是精神上的。『泰德，』他說，『我希望你把自己的生活想像成一個沙漏。在沙漏的上半部，有成千上萬顆沙粒，它們緩慢而均勻地通過中間那條細縫。除了沙漏，我們無法讓兩顆以上的沙粒同時通過那條細縫。我們就像這個沙漏，一天開始的時候，有許多事情要我們盡快完成。但是我們只能一件一件地完成，讓工作像沙粒一樣，緩慢而均勻地通過，否則我們就會損害身體和精神的健康。』」

「從值得紀念的那天開始，也就是軍醫把這段話告訴我之後，我一直奉行這種哲學。『一次只通過一顆沙粒……一次只做一件事情。』這個忠告在戰爭時期拯救我，對我目前在商業信貸公司的工作也有很大的幫助。我發現在商場上，也有類似戰場的問題：一次要完成幾件事情，但是時間很有限。資料要補充，新的表格要處理，要安排新的資料，地址有變動，分公司開張或關閉……但是我不再慌亂不安。我重複默誦軍醫的忠告，工作比以前更有效率，再也沒有那種在戰場上幾乎使我崩潰的困惑和混亂的感覺。」

目前的生活方式中，最讓人恐懼的是：醫院裡半數以上的床位，都是留給精神或神經有問題的人，他們是被累積的昨天和令人擔心的明天加在一起的負擔壓垮的病人。他們之中的大多數人，只要可以記住耶穌的這句話：「不要為明天憂慮」，或是奧斯勒博士的這句話：「生活在完全獨立的今天中」，今天就可以無憂無慮地走在街上，過著快樂而有益的生活。

你和我，在眼前的瞬間，都是站在兩個永恆的交會點上：永遠逝去的往日和永無盡頭的未來的交點。我們不可能生活在兩個永恆之中，就算是一秒鐘也不行，那樣會毀掉我們的身體和心靈。既然如此，就讓我們以生活在這一刻而感到滿足吧！羅伯特・史蒂文森說：「無論負擔有多麼重，每個人都可以支持到夜晚的來臨。無論工作有多麼苦，每個人都可以完成一天的任務，甜美地、有耐心地、可愛地、純潔地活到太陽下山，這就是生命的真諦。」

是的，生活對我們要求的就是這些。可是，住在密西根州薩基諾城法院街八一五號的希爾茲夫人，在學會「只要生活到上床為止」之前，卻感到非常絕望，甚至幾乎想要自殺。她向我講述這一段的生活：「一九三七年，我的丈夫死了，我覺得非常沮喪——而且幾乎身無分文。我寫信給之前的老闆里昂・羅奇先生，他是堪薩斯城羅奇-福勒公司的老闆，我請求他讓我回去做之前的工作——向學校推銷書籍。兩年前，我的丈夫生病的時候，我把汽車賣掉了。為了重新工作，我勉強湊足錢，分期付款買了一輛舊車，開始出去賣書。」

「我原本以為，重新工作或許可以幫助自己從沮喪中解脫出來。可是，總是一個人開車、一個人吃飯的生活，幾乎使我無法忍受。有些地方無法推銷書籍，即使分期付款的金額不大，也很難付清。」

「一九三八年春天，我在密蘇里州凡爾賽市推銷書籍。那裡的學校很窮，路很不好走，我又孤獨又沮喪，以至於有一次甚至想要自殺。我覺得成功沒有任何希望，生活沒有任何樂趣。每天早上，我害怕起床去面對生活。我害怕任何事情：害怕付不出分期付款，害怕付不出房租，害怕東西不夠吃，害怕身體累垮沒有錢看病。唯一使我沒有自殺的原因是：我擔心我的姐姐會因此而悲傷，而且她沒有充裕的錢來支付我的喪葬費用。」

「後來，我讀到一篇文章，它使我從消沉中振作起來，鼓足勇氣繼續生活。我永遠感激文章中的那句令人振奮的話：『對於一個聰明人來說，每天都是一個新的生命。』我用打字機把這句話打下來，貼在汽車的擋風玻璃上，使我開車的時候可以看見它。我發現，每次只要活一天不困難。我學會忘記過去，不考慮未來。每天清晨，我對自己說：『今天又是一個新的生命。』」

「我成功地克服自己對孤獨和需求的恐懼，我非常快樂，事業也還算成功，並且對生命充滿熱忱和愛。我現在知道，無論在生活中會遇到什麼問題，我不會再害怕；我現在知道，我不必懼怕未來。我現在知道，每次只要活一天——『對於一個聰明人來說，每天都是一個新的生命』。」

猜猜以下幾句詩是誰寫的：

這個人很快樂，只有他才可以快樂，
因為他可以把今天，稱為自己的一天；
他在今天可以感到安全，可以說：
「無論明天會多麼糟糕，我已經過了今天。」

這幾句詩似乎具有現代意味，但是它們是古羅馬詩人賀拉斯在基督出生的三十年前寫下的。

我認為人們最可憐的一件事情是：所有人都在拖延，不積極投入生活。我們嚮往天邊有一座奇妙的玫瑰園，但是從來不注意欣賞今天開放在我們窗口的玫瑰。

我們怎麼會變成這種傻子——這種可憐的傻子？

「我們生命的歷程是多麼奇特啊，」史蒂芬・里科克寫道，「小孩子說：『等我是一個大孩子的時候。』可是又能怎麼樣？大孩子說：『等我長大以後。』長大以後，他又說：『等我結婚以後。』可是結婚又能怎麼樣，他們的想法又變成『等我退休以後。』然而退休以後，他回頭看著自己經歷的一切，似乎有一陣冷風吹過。不知道為什麼，他錯過所有的事物，所有的事物一去不復返。我們總是無法及早領悟：生命就在生活中，就在每天和每時每刻中。」

底特律城已故的愛德華・伊凡斯先生，在學會「生命就在生活中，就在每天和每時每刻中」之前，幾乎憂鬱自殺。他生長在貧苦家庭，最初以賣報紙為生，後來在雜貨店做店員，家中七個人靠他吃飯，他只好找新的工作，擔任助理圖書管理員，儘管薪水微薄，他也不敢辭職。八年以後，他鼓起勇氣，開創自己的事業，竟然時來運轉，用借來的五十五美元發展到一年獲利兩萬美元。可惜好景不長，他存錢的銀行倒閉了，他不僅失去所有的財產，也負債一萬六千美元。他無法承受這樣的打擊。「我吃不下，睡不著，」他說，「我開始罹患奇怪的疾病，病因只是憂鬱過度。有一天，我走路的時候在路邊昏倒，從此只能臥床休息，結果全身都爛了，最後躺著也是痛苦不堪。這個時候，醫生告訴我，我大概只能活兩個星期。我非常震驚，只能寫好遺囑躺下等死。這樣一來，憂慮就是多餘的。我逐漸放鬆，閉目休養幾個星期。雖然每天睡眠不到兩個小時，但是非常安穩，那些令人疲倦的憂慮逐漸消失，胃口逐漸變好，體重開始增加。」

「幾個星期以後，我可以拄著拐杖走路。六個星期以後，我又可以回去工作。之前我的年薪曾經是兩萬美元，現在我很高興可以找到每個星期三十美元的工作，我的工作是推銷一種擋板。我不再後悔過去，也不再害怕未來，而是將全部的時間、精力、熱忱放在推銷工作上。」

愛德華・伊凡斯的事業發展迅速。幾年以後，他已經是伊凡斯工業公司的董事長。從此以後，他的公司長期霸佔紐約股票市場。如果你去格陵蘭，很可能會降落在伊凡斯機場，這是為紀念他而命名的。但是，如果他沒有學會「生活在完全獨立的今天」，絕對不會有這樣的成功。

你可能還記得童話故事的對白：「這裡的規定是：明天可以吃果醬，昨天可以吃果醬，但是今天不可以吃果醬。」大多數人也是這樣——為了明天的果醬和昨天的果醬而煩惱，不願意把今天的果醬塗在現在吃的麵包上。

法國哲學家蒙田曾經犯下同樣的錯誤，他說：「我的生活中，曾經充滿可怕的不幸，但是那些不幸大多數從未發生。」我和你的生活也是這樣。

但丁說：「想想吧，這一天永遠不會再來了。」生命正在以令人難以置信的速度飛快地流逝，今天才是最值得我們珍視的唯一時間。

這也是洛維爾・湯瑪斯的想法。最近，我在他的農場度過一個週末，他在自己電台的牆上掛了一個鏡框，裡面是這樣的詩句：

這是耶和華創造的日子，
我們要為此高興而歡喜。

約翰・羅斯金在自己的書桌上放了一塊石頭，上面刻著「今天」，我的書桌上沒有石頭，但是我的鏡子上貼著一首詩，每天早上刮鬍子的時候都可以看見。這也是奧斯勒博士經常放在自己桌上的那首詩，作者是一個很有名的印度戲劇家——迦梨陀娑：

向黎明致敬

看著這一天！
因為它就是生命的泉源。
……
昨天只是一場夢，
明天只是一個幻影。

但是生活在今天，
可以使昨天是快樂的夢，
明天變成有希望的幻影。
好好看著這一天吧，
你要這樣向黎明致敬。

如果不希望憂慮侵入自己的生活，就應該像奧斯勒博士說的那樣：用鐵門把過去和未來隔斷，生活在完全獨立的今天。

現在，請你問自己以下的問題，並且給出答案：

（一）是否忘記生活在今天而擔心未來，是不是追求所謂「遙遠奇妙的玫瑰園」？

（二）是否經常為往事後悔，讓今天過得更難受？

（三）早晨起床的時候，是不是決定「抓住這二十四個小時」？

（四）如果「生活在完全獨立的今天」，是否可以使自己從生命中得到更多？

（五）什麼時候應該開始這樣做？下個星期……明天……還是今天？

清除憂慮的「萬能公式」

你是否想得到一個迅速而有效的清除憂慮的方法？也就是看幾頁書就可以立刻付諸實踐的方法？

如果你回答「是的」，請允許我介紹威利斯·開利發明的這個方法。開利是一個聰明的工程師，他開創空調製造行業，現在是世界上著名的開利公司的負責人。我們在紐約的工程師俱樂部共進午餐的時候，他親口告訴我這個方法。

「年輕的時候，」開利先生說，「我在紐約州水牛城的水牛鍛造公司工作。有一次，我要去密蘇里州水晶城的匹茲堡玻璃公司的下屬工廠安裝瓦斯清洗器。這是一種新型機器，我們經過精心調整，克服許多意想不到的困難，機器總算可以運行了，但是性能沒有達到我們預期的標準。

「我對自己的失敗感到錯愕，彷彿挨了當頭一棒，竟然開始肚子疼，很長時間無法睡覺。最後，我覺得憂慮無法解決問題，所以想出一個方法，結果非常有效。這個方法，我已經使用超過三十年。其實很簡單，任何人都可以使用。其中有三個步驟：

「第一步，我坦然地分析自己面對的最壞結果，如果失敗，老闆會損失兩萬美元，我可能會失去工作，但是沒有人會把我關起來或是槍斃，這是肯定的。」

「第二步，我鼓勵自己接受這個最壞的結果。我告誡自己，我的生命中會出現一個汙點，但是我可以找到新的工作。至於我的老闆，兩萬美元還付得起，暫且當作實驗費。」

「接受最壞的結果以後，我反而變得輕鬆，感受到許多天以來從未有過的平靜。」

「第三步，我開始把自己的時間和精力投入到改善最壞結果的努力中。」

「我盡量想出一些補救方法，減少損失的金額。經過幾次試驗，我發現如果再用五千美元購買一些輔助設備，問題就可以解決。果然，這樣做以後，公司不僅沒有損失兩萬美元，反而賺了一萬五千美元。

「如果我一直擔心下去，恐怕再也無法做到這一點。憂慮的最大壞處，就是會毀掉我們的能力，使我們思緒混亂。我們強迫自己接受最壞的結果，就可以把自己放在一個可以集中精力解決問題的位置。」

「這件事情發生在很久以前。由於那種方法十分有效，多年以來，我一直使用它。結果，我的生活中幾乎很少再有煩惱。」

為什麼威利斯・開利的方法這麼有實用價值？從心理學上說，它可以把我們從那個灰色雲層中拉下來，使我們的雙腳穩穩地站在地面。假如我們的腳下沒有結實的土地，怎麼可能把事情做好？

應用心理學之父威廉・詹姆斯教授已經去世三十八年，假如他還活著，今天聽說這個公式，也會深為讚賞。因為他曾經說：「可以接受既成事實，是克服隨之而來的任何不幸的第一步。」

林語堂在自己深受歡迎的《生活的藝術》中，也說過同樣的話。這位中國哲學家說：「心理上的平靜，可以承受最壞的境遇，讓你煥發新的活力。」

這句話太對了。接受最壞的結果以後，我們就不會再失去什麼，這就表示失去的一切有希望回來。可是生活中還有成千上萬的人為憤怒而毀掉生活，因為他們拒絕接受最壞的結果，不願意從災難中盡可能地救出一些東西。他們不僅不重新構築自己的大廈，反而成為憂鬱症的犧牲者。

你是否願意看看其他人對開利公式的運用實例？以下這個例子，敘述的是我班上的一個學生，目前他是紐約的油商。

「我被敲詐了！」他說。

「我不相信會有這種事情，簡直是電影裡的情節！事情是這樣的：我主管的石油公司中，有些運油司機把應該給客戶的油偷偷地剋扣下來賣掉。有一天，一個自稱是政府官員的人來找我，向我要紅包，宣稱自己掌握我們司機舞弊的證據。他威脅我，如果我不答應，他就會把證據轉交給地方檢察官。這個時候，我才知道公司存在這種非法的交易。」

「當然，這與我沒有任何關係，但是我知道法律有規定，公司必須為自己員工的行為負責。而且，如果事情鬧到法院，然後上報了，這種壞名聲就會毀掉我的生意。我為自己的生意驕傲——那是父親在二十四年以前打下的基礎。」

「當時，我急得生病了，三天三夜吃不下睡不著，一直在這件事情中打轉。我應該付那筆錢──五千美元──還是應該對那個人說，你想要怎麼做就怎麼做！我一直拿不定主意，每天做噩夢。」

「星期日晚上，我隨手拿起一本《怎樣不再憂慮》，這是我去聽卡內基公開演講的時候拿到的。我讀到威利斯・開利的故事，看到這些話：『面對最壞的情況』，於是我向自己提問：『如果我不給錢，那些勒索者把證據交給地方檢察官，可能發生的最壞情況是什麼？』」

「答案是：『毀掉我的生意──僅此而已。我不會被抓起來，只是我被這件事情毀掉了。』」

「於是，我對自己說：『好了，生意即使毀掉了，但是我在心理上可以承受，接著又會怎麼樣？』」

「嗯，生意毀掉之後，也許我要找一份工作。這也不困難，我對石油行業很熟悉──幾家公司也許會雇用我……我開始感覺好多了。三天三夜以來的那種憂慮也開始逐漸消散。我的情緒逐漸變得穩定，也可以開始思考。」

「我清醒地看到下一步──改善不利的處境。我思考解決方法的時候，一個嶄新的局面展現在我的面前。如果我把全部情況告訴我的律師，他也許可以找到一條我沒有想到的新路。我一直沒有想到這一點，完全是因為我一直在擔心而沒有思考。我立刻打定主意，第二天早上去見我的律師，然後我上床了，睡得很安穩。」

「第二天早上，我的律師要我去見地方檢察官，把全部情況告訴他。我依照他的話去做，我說出原委以後，出乎意料地聽到地方檢察官說，這種勒索已經連續幾個月，那個自稱是『政府官員』的人，其實是一個警方的通緝犯。在我為無法決定是否應該把五千美元交給那個職業罪犯而擔心三天三夜之後，聽到他這些話，真是鬆了一口氣。」

「這次經歷，給我上了終生難忘的一課。現在，只要面臨會使自己憂慮的難題的時候，『威利斯・開利的老公式』就會派上用場。」

住在麻薩諸塞州溫徹斯特市威奇米爾大街五十二號的艾爾・漢里，一九四八年十一月十七日在波士頓史蒂拉飯店親口告訴我關於他自己的故事：

「在二〇年代，我因為經常煩惱而罹患胃潰瘍。一天晚上，我的胃出血了，被送到芝加哥西北大學的醫學院附屬醫院，體重從一百七十磅降到九十磅。我的病非常嚴重，以至於醫生不准我抬頭。醫生們認為我的病不可救藥，我只能吃蘇打粉，每個小時吃一匙半流質的東西。每天早晚，護士會用一條橡皮管插進我的胃裡，把裡面的東西洗出來。」

「這種情況持續幾個月……最後，我對自己說：『睡覺吧，漢里。如果你除了等死之外，沒有其他的指望，不如充分利用剩下的生命。你一直想要在去世之前環遊世界，如果你還有這個夢想，只有現在就去做。』」

「我告訴那些醫生，自己要去環遊世界的時候，他們感到驚訝。這是不可能的，他們警告我，他們從來沒有聽過這種事情。如果我去環遊世界，只會葬身在海裡。『不，不會的，』我說，『我已經答應自己的親友，我要葬在內布拉斯加州老家的墓園裡，所以我打算隨身帶著棺材。』」

「我買了一具棺材，把它運上船，然後和輪船公司商議，如果我死了，就把我的屍體放在冷凍艙中，回到我的老家。我踏上旅程，心中默念奧瑪．開儼的那首詩：

啊，在我們零落為泥之前，
豈能辜負這一生的娛歡？
物化為泥，永寐於黃泉之下，
沒酒、沒弦、沒歌伎，而且沒有明天。

「我在洛杉磯登上亞當斯總統號向東方航行的時候，已經感覺好多了。逐漸地，我不再吃藥，也不再洗胃。不久之後，我可以吃任何食物——甚至包括許多奇特的當地食品和調味品，這些都是別人說我吃了以後會送命的東西。幾個星期過去了，我甚至可以抽黑雪茄，喝幾杯老酒。多年以來，我從未這樣享受。我們在印度洋上遇到季風，在太平洋上遇到颱風，可是我在這次冒險中，得到很大的樂趣。」

「我在船上玩遊戲、唱歌、交朋友，晚上聊到半夜。到了中國和印度之後，我發現自己回去以後要處理的私事，與在東方看到的貧困和饑餓相比，真是天壤之別。我拋棄所有無聊的憂慮，覺得非常舒服。回到美國以後，我的體重增加九十磅，幾乎完全忘記自己曾經罹患胃潰瘍。我的一生中，從未感覺到這麼舒服和健康。」

艾爾‧漢里告訴我，他發現自己在潛意識中運用威利斯‧開利克服憂慮的方法。

「首先，我問自己：『可能發生的最壞情況是什麼？』答案是：死亡。」

「其次，我讓自己準備迎接死亡。我不得不這樣，因為我別無選擇，幾個醫生都說我沒有希望。」

「再次，我想盡辦法改善這種狀況，方法是：『盡量享受剩下的這些時間』……」他繼續說，「如果我上船以後繼續憂慮，毫無疑問，我會躺在棺材裡結束這次旅行。可是我完全放鬆，忘記所有煩惱。這種心理平衡，使我產生新的活力，拯救我的生命。」

所以，第二條規則是：如果你有憂慮，就應用威利斯‧開利的萬靈公式，做以下三件事情——

（一）問自己：「可能發生的最壞情況是什麼？」

（二）如果不得不如此，就做好準備迎接它。

（三）鎮定地想盡辦法改善最壞的情況。

憂慮是長壽的剋星

很久以前的一天晚上，一個鄰居按我的門鈴，要我們全家去種牛痘，預防天花。他是紐約市中幾千個志願按門鈴的人之一。許多被嚇壞的人，排隊幾個小時種牛痘。種牛痘站不僅設置在所有的醫院，並且設置在消防隊、派出所、工廠裡。兩千多個醫生和護士日夜忙碌地為人們種牛痘。怎麼會這麼熱鬧？原來，紐約市有八個人罹患天花——其中兩個人死了——八百萬的人口中，死了兩個人。

我在紐約已經住了三十七年，可是至今沒有人按我的門鈴，警告我預防精神上的憂鬱症——這種疾病，在過去三十七年中，所造成的損害，至少比天花大一萬倍。

從來沒有人按門鈴警告我，目前生活在這個世界上的人，每十個人之中，就有一個人精神崩潰，主要原因是憂慮和感情衝突。所以，我現在寫這一章，就是按你的門鈴警告你。

諾貝爾醫學獎得主亞歷克西•卡雷爾博士說：「不知道如何戰勝憂慮的商人早逝。」其實，何止是商人，家庭主婦、獸醫、泥瓦匠也是如此。

幾年前，我度假的時候，和聖塔菲鐵路的醫務處長戈伯博士談到憂慮對人們的影響。他說：「找醫生看病的病人中，有七〇%，只要可以消除他們的恐懼和憂慮，病就會痊癒。不要誤會他們是自以為生病了，實際上，他們的病像你有一顆蛀牙一樣真實，有時候甚至更嚴重一百倍。例如：神經性消化不良、某些胃潰瘍、心臟疾病、失眠、某些頭痛和某些類型的癱瘓，這些病都是真實的。」戈伯博士說：「我說這些話是有根據的，因為我曾經罹患十二年的胃潰瘍。恐懼會引起憂慮，憂慮會使你緊張，進而影響你的胃神經，使胃液由正常變為不正常，並且導致胃潰瘍。」

曾經寫過《神經性胃病》一書的約瑟夫・蒙塔格博士也說過同樣的話。他指出：「胃潰瘍的產生，不是在於你吃什麼，而是在於你憂慮什麼。」

梅奧診所的阿瓦雷茲博士認為：「胃潰瘍經常根據人們情緒緊張的程度而發作或消失。」這種看法在研究梅奧診所一萬五千個胃病患者的記錄之後得到證實。五分之四的病人罹患胃病並非是生理因素，而是恐懼、憂慮、憎恨、極端的自私，以及對現實生活的無法適應。根據《生活》雜誌的報導，胃潰瘍現在是死亡原因名單的第十位。

梅奧診所的哈羅德・哈本博士，在美國工業內外科醫師協會的年會上宣讀一篇論文，聲稱自己研究一百七十六位平均年齡為四十四・三歲的企業高級主管，超過三分之一的人由於生活過度緊張而引起心臟病、消化系統潰瘍、高血壓。想想看，在我們的企業高級主管之中，三分之一的人罹患心臟病、潰瘍、高血壓，但是他們不到四十五歲，成功的代價是多麼高啊！就算他可以贏得全世界，卻失去自己的健康，對他來說，又有什麼好處？即使他擁有全世界，每次只能睡在一張床上，每天只能吃三頓飯。甚至一個挖水溝的人，也可以做到這一點，而且可能比一個有權力的高級主管睡得更安穩，吃得更美味。我寧願做一個在阿拉巴馬州租田耕種的農夫，也不願意在不到四十五歲的時候，為了管理一家鐵路公司，或是一家香菸公司，毀掉自己的健康。

說到香菸，一位世界上最知名的香菸製造商，最近在加拿大森林中想要放鬆的時候，突然心臟病發作而去世。他擁有幾百萬元的財產，卻在六十一歲的時候去世。他也許是犧牲幾年的生命，換取所謂「事業上的成功」。在我看來，他的成功不及我父親的一半。我的父親是密蘇里州的農夫，雖然經濟拮据，卻活到八十九歲。

著名的梅奧兄弟宣布，他們有一半以上的病人罹患神經病。可是，在高倍數的顯微鏡下，以最現代的方法檢查他們的神經，卻發現大多數是非常健康的。他們「神經上的問題」，不是因為神經本身有什麼異常，而是因為情緒上的悲觀、煩躁、焦急、憂慮、恐懼、挫敗、沮喪。柏拉圖曾經說：「醫生犯下的最大錯誤在於：只治療身體，不治療精神。但是精神和身體是一體的，不可以分開處理。」

醫學界花費兩千三百年的時間才明白這個道理，一門嶄新的醫學——「心理生理醫學」開始發展，對精神和身體同時治療。現在，醫學已經消除可怕的、由病毒或細菌引起的疾病——例如：天花、霍亂、黃熱病等各種曾經把數百萬人埋進墳墓的傳染病。可是醫學界還是無法治療生理和心理上那些不是由細菌引起，而是由情緒上的憂慮、恐懼、憎恨、煩躁、絕望引起的病症。這種情緒性疾病引起的災難日益加重，日漸廣泛，而且速度快得驚人。

醫生評估：現在還活著的美國人，每二十個人之中，就有一個人在某段時期罹患精神病。第二次世界大戰時期招募的年輕人，每六個人之中，就有一個人因為精神失常而無法服役。

什麼是精神失常的原因？沒有人知道全部答案。在大多數情況下，很有可能是由恐懼和憂慮造成的。焦慮和煩躁的人多半無法適應現實而跟周圍環境斷絕所有關係，退縮到自己的幻想世界，藉此解決所有憂慮。

愛德華・波多爾斯基博士的《停止煩惱和康復》一書中，有以下幾章的題目：

憂慮對心臟有什麼影響
憂慮造成高血壓
憂慮可能導致風濕
為了你的胃，減少憂慮
憂慮如何引起感冒
憂慮和甲狀腺
憂慮的糖尿病患者

另一本討論憂慮的好書，是卡爾．梅寧格博士的《自找麻煩》。這本書不會告訴你避免憂慮的規則，但是可以告訴你一些很可怕的事實，讓你看清楚人們怎樣用憂慮、煩躁、憎恨、懊悔等情緒來傷害自己的健康。

憂慮甚至會使最堅強的人生病。在美國南北戰爭的最後幾天，格蘭特將軍發現這一點。故事是這樣的：格蘭特圍攻里奇蒙九個月，李將軍衣衫不整、饑餓不堪的部隊被打敗了。有一次，幾個兵團空無一人，其餘的人在自己的帳篷裡祈禱——叫著，哭著，看到各種幻象。戰爭就要結束了，李將軍手下的士兵，放火焚燒里奇蒙的棉花和菸草倉庫，也燒毀軍火庫，然後在烈焰升騰的黑夜裡棄城而逃。格蘭特乘勝追擊，從左右兩側和後方夾擊南部聯軍，騎兵從正面截擊。

由於劇烈頭痛而眼睛半盲的格蘭特無法跟上部隊，停在一戶農家前面。「我在那裡過了一夜，」後來，格蘭特在自己的回憶錄中寫道，「把我的雙腳泡在加芥末的熱水裡，然後把芥末藥膏貼在我的手腕和後頸上，希望第二天早上可以痊癒。」

第二天早上，他真的痊癒了。可是，使他痊癒的，不是芥末藥膏，而是一個帶回李將軍降書的騎兵。

「那個軍官（帶著那封信）到我面前的時候，」格蘭特寫道，「我的頭還是很痛，可是看了那封信以後，立刻就好了。」

顯然，格蘭特是因為憂慮、緊張、情緒上的不安才會生病，如果在情緒上恢復自信，想到勝利，就會立刻痊癒。

在羅斯福內閣中擔任財政部長的亨利・摩根索在他的日記裡寫道：羅斯福為了提高小麥價格，一天之內購買四百四十萬蒲式耳的小麥，使他非常擔心。「在這件事情沒有結果之前，我覺得頭昏眼花。回到家裡，我在午飯以後睡了兩個小時。」

假如我想要知道憂慮對人們有什麼影響，不必到圖書館找文字記載，只要坐在家裡看著窗外，就會發現那間房子裡有人因為憂慮而罹患糖尿病，另一間房子裡有人精神已經崩潰。

著名法國哲學家蒙田被推選為家鄉的市長，曾經對市民說：「我願意用自己的雙手來處理你們的事情，但是不想把它們搞到我的肝和肺裡。」

康乃爾大學醫學院的羅素・塞西爾博士，是舉世聞名的關節炎治療權威，他列舉四種最容易罹患關節炎的情況：

（一）婚姻破裂。

（二）財務上遇到困難。

（三）寂寞和憂慮。

（四）長期累積的憤怒。

當然，這些不是關節炎的唯一病因，但是它們是最常見的病因。我的一個朋友在經濟蕭條的時候遭到很大損失，煤氣公司停止向他供應煤氣，銀行沒收他抵押的房產。他的妻子罹患關節炎，發病突然，多方治療仍然無效，直到他的經濟狀況好轉，她的病才算痊癒。

憂慮甚至會使你產生蛀牙。威廉・麥克戈尼格博士在美國牙醫協會的一次演講中說：「由於焦慮和恐懼產生的不良情緒，可能會影響身體的鈣質平衡，使牙齒容易受蛀。」麥克戈尼格博士談到，自己有一個病人之前牙齒很好，後來他的妻子罹患急病，使他開始擔心。就在他的妻子住院的三個星期中，他突然有九顆蛀牙——顯然是由於焦慮引起的。

甲狀腺原本應該可以使身體正常化，如果產生異常，心跳就會加快，身體就會亢奮得像一個打開所有爐門的火爐，如果不進行手術或是加以治療，病人很可能會死掉，很可能「把自己燒乾」。不久之前，我和一個罹患這種疾病的朋友去費城，尋找一位著名的專家，一位已經治療這種疾病三十八年的醫生。他候診室的牆上，掛著一塊木牌，上面寫著他給病人的忠告：

輕鬆和享受

最可以使你輕鬆愉快的是：

健全的信仰、睡眠、音樂和歡笑

對上帝要有信心——要學會睡得安穩

喜歡動聽的音樂——幽默地看待生活
健康和歡樂就會屬於你

他問我的這個朋友的第一個問題是：「你的情緒上有什麼問題，使你產生這種情況？」他警告我的朋友，如果繼續憂慮，可能會出現其他併發症：心臟病、胃潰瘍，或是糖尿病。這位著名的醫生說：「所有這些疾病，都有親戚關係，甚至是近親——它們都是因為憂慮而產生的。」

女明星梅爾・奧伯倫告訴我，她絕對不會憂慮，因為憂慮會摧毀她在銀幕上的主要資產——美貌。她告訴我：「我進入影壇的時候，既擔心又害怕。我剛從印度回來，在倫敦沒有認識任何人。我見過幾個製作人，沒有一個要雇用我，我僅有的一些錢逐漸用光了。兩個星期，我只是依靠一些餅乾和水充饑。我對自己說：『也許你是一個傻子，永遠不可能闖進電影界。你沒有經驗，沒有演過戲，除了一張漂亮的臉孔，你還有什麼？』」

「我照著鏡子，突然發現憂慮對我容貌的影響。看見憂慮造成的皺紋，看見焦慮的表情，我對自己說：『你必須立刻停止憂慮。你可以奉獻的只有容貌，但是憂慮會毀掉它。』」

沒有什麼比憂慮使女人衰老得更快，並且會摧毀她的容貌。憂慮會使我們表情難看，會使我們咬緊牙關，會使我們臉上出現皺紋，會使我們愁眉苦臉，會使我們頭髮灰白，甚至脫落，會使我們臉上出現雀斑、潰爛、粉刺。

心臟病是當今美國的頭號殺手。第二次世界大戰期間，大約有三十餘萬人死在戰場上；可是在同一時期內，心臟病卻殺死兩百萬平民──其中一百萬人的心臟病，是因為憂慮和生活過度緊張引起的。死於心臟病的醫生比農民多出二十倍，因為醫生過的是緊張的生活。

威廉・詹姆斯說：「上帝可能原諒我們犯下的錯誤，可是我們的神經系統不會原諒。」

「這是一個令人驚訝而且難以置信的事實：每年死於自殺的人，比死於各種常見傳染病的人更多。」為什麼會這樣？答案經常是「因為憂慮」。

殘忍的將軍折磨俘虜的時候，經常把俘虜的手腳綁起來，放在一個不停往下滴水的袋子下面。水滴著……滴著……晝夜不停。最後，這些不停地滴落在頭上的水，變成似乎是槌子在敲擊的聲音，使那些俘虜精神失常。這種折磨犯人的方法，西班牙宗教法庭和納粹德國集中營也曾經使用過。

憂慮就像不停地往下滴的水，不停地往下滴、滴、滴的水，經常會使人們精神失常以致自殺。

小時候，我聽牧師形容地獄的烈火曾經嚇得半死，可是他從來沒有提到，我們此時此地由憂慮帶來的生理痛苦的地獄烈火。例如：如果你長期憂慮，有一天會得到最痛苦的病症──狹心症。

啊，如果發作起來，會使你痛得尖叫。與你的尖叫相比，但丁的《地獄篇》聽起來就像是「兒童玩具樂園」。到了那個時候，你就會對自己說：「噢，上帝啊！如果我可以痊癒，永遠不會再為任何事情憂慮──永遠不會。」

你熱愛生命嗎？你想要健康和長壽嗎？以下是你可以做到的方法。我引用亞歷克西・卡雷爾博士的一句話：「在現代城市的混亂中，只有可以保持內心平靜的人，才不會變成神經病。」

你是否可以在現代城市的混亂中，保持自己內心的平靜？如果你是一個正常人，答案應該是：「可以」、「絕對可以」。實際上，大多數人比我們所認識的更堅強。我們有許多從來沒有發現的內在力量，正如梭羅在他的不朽名著《湖濱散記》中所說：「我不知道有什麼會比一個人下定決心提高自己的生活能力更令人振奮……如果一個人，可以充滿信心地朝著理想的方向努力，下定決心過自己想要的生活，就可以得到意外的成功。」

我相信很多讀者都有像歐嘉・賈維的那種意志力和內在力量。她住在愛達荷州，在最悲慘的情況下，發現自己可以克服憂慮。「八年半前，醫生宣告我不久之後會離開人世，緩慢而痛苦地死於癌症，國內最有名的醫生梅奧兄弟證實這個診斷。我走投無路，死亡就要撲向我。我很年輕，我不想死。絕望之餘，我打電話給我的醫生，然後告訴他，我內心的絕望。他有些不耐煩地對我說：『歐嘉，你怎麼了？難道你沒有任何鬥志嗎？如果你一直這樣哭下去，毫無疑問，你一定會死的。是的，你確實遇到最壞的情況。面對現實，不要憂慮，然後做一些事情。』就在那個時候，我發了一個誓，這個誓言如此莊嚴，指甲深深地刺進肉裡，而且背上一陣發冷：『我不會再憂慮，我不會再哭泣。如果還有什麼需要我經常想起，那就是：我一定要贏，我一定要活下去！』」

「在無法用鐳照射的情況下，每天只能用X光照射十分半鐘，連續照射三十天。但是醫生每天為我照射十四分半鐘，連續照射四十九天。雖然我的骨頭在我消瘦的身體上猶如貧瘠山坡上的岩石，雖然我的雙腳重得像鉛塊，但是我不憂慮，也沒有哭過。我面帶微笑，是的，我確實是強迫自己微笑。」

「我不會傻到以為只要微笑就可以治癒癌症。可是我確實相信，愉快的精神狀態有助於抵抗身體的疾病。無論如何，我經歷一次治癒癌症的奇蹟。在過去幾年裡，我從未像現在這樣健康，感謝那句富於挑戰性和戰鬥性的話：『面對現實，不要憂慮，然後做一些事情。』」

在這一章結束的時候，我要重複亞歷克西・卡雷爾博士的那句話：「不知道如何戰勝憂慮的商人早逝。」

我希望這本書的每位讀者可以把這句話記在心中。

卡雷爾博士是否在說你？

很可能是的。

第二章

分析憂慮的方法

How to Stop
Worrying and Start Living

Carnegie

解開憂慮之謎

之前提到的威利斯・開利的萬能公式，是否可以解決所有令你憂慮的問題？當然不可能。應該怎麼做？答案是：我們一定要掌握以下三個分析問題的基本步驟，以解決各種不同的問題。這三個步驟是：

（一）掌握事實。

（二）分析事實。

（三）做出決定——然後採取行動。

太簡單了吧？是的，這是亞里斯多德教的，他也使用過。如果我們想要解決那些逼迫我們，使我們像日夜生活在地獄一般的憂慮問題，我們就要使用它。

先看第一個步驟：掌握事實。掌握事實為什麼如此重要？因為除非我們可以掌握事實，否則無法聰明地解決問題。無法掌握事實，我們只能在混亂中摸索。這是已故的哥倫比亞大學、哥倫比亞學院院長赫伯特・霍克斯說的，他曾經協助二十萬個學生消除憂慮。他告訴我：「混亂是產生憂慮的主要原因。」他說：「世界上的憂慮，大多數是因為人們沒有足夠的知識做出決定而產生的。」「例如：我有一個問題，必須在下個星期二以前解決，在下個星期二之前，我不會試圖做出任何決定。在這段時間裡，我只是集中精力去尋找關於這個問題的所有事實，因此我不會憂慮，不會失眠。等到下個星期二，如果我已經掌握所有事實，問題就會迎刃而解。」

我問霍克斯院長，這是否表示他已經完全擺脫憂慮？他說：「是的，我可以誠實地說，現在我的生活中幾乎完全沒有憂慮。我發現，一個人如果可以把自己的時間花費在以公正而客觀的態度去掌握事實，他的憂慮就會在他知識的光芒下消失。」

可是大多數人會怎麼做？如果我們一直假設二加二等於五，不是做一道二年級的算術題目也有困難嗎？可是，這個世界上有很多人，堅持認為二加二等於五，或是等於五百，使自己和別人陷入地獄。

對此，我們可以怎麼做？我們必須把感情成分擯棄於思想之外，就像霍克斯院長說的，我們必須以「公正而客觀」的態度去掌握事實。我們憂慮的時候，經常會情緒激動。但是我找到兩個方法，有助於我們以清晰而客觀的態度去掌握事實：

（一）收集事實的時候，我假裝不是在為自己，而是在為別人。這樣一來，就可以保持冷靜而公正的態度，也可以幫助自己控制情緒。

（二）收集產生憂慮的各種事實，也收集對自己不利的事實——那些損害我的希望，以及我不願意面對的事實。

然後，我寫下這一邊和另一邊的所有事實，真相經常在這兩個極端的中間。

這就是我要說明的重點。如果無法掌握事實，你、我、愛因斯坦，甚至美國最高法院，也無法對任何問題做出聰明的決定。愛迪生知道這一點，他去世的時候，留下兩千五百本筆記本，其中記錄他面臨各種問題的事實。

所以，解決問題的第一個方法是：掌握事實。沒有以客觀態度收集全部事實之前，不要考慮如何解決問題。

但是，即使收集世界上的所有事實，如果不加以分析，對我們也沒有任何好處。

根據我的體會，先寫出所有的事實，再進行分析，事情就會變得更容易。實際上，只是把問題明白地寫在紙上，就可能有助於我們做出一個合理的決定。正如查爾斯・凱特林所說：「只要可以把問題說清楚，問題就已經解決一半。」

以蓋倫・利奇菲爾德來說——他是一個在遠東地區非常成功的美國商人。一九四二年，日軍侵入上海，利奇菲爾德先生正在中國。他告訴我：

「日軍轟炸珍珠港以後不久，就佔領上海。當時，我是上海亞洲人壽保險公司的經理。日軍派來一個『軍方清算員』——實際上，他是一個海軍上將——命令我協助他清算我們的財產。我沒有任何選擇，要麼和他們合作，要麼死路一條。」

「我開始遵命行事，因為我別無他法。有一筆七十五萬美元的保險費，我沒有填在那張要交出去的清單上，因為這筆錢用於我們的香港公司，與上海公司的資產無關。然而，我還是害怕如果被日本人發現此事，對我的處境會非常不利。果然，他們很快就發現了。」

「他們發現的時候，我不在辦公室，我的會計主任在場。他告訴我，那個日本海軍上將非常生氣，拍桌子罵人，說我是一個強盜，是一個叛徒，侮辱日本皇軍。我知道這是什麼意思，我知道自己會被他們抓進憲兵隊。」

「憲兵隊，就是日本秘密警察的行刑室。我有幾個朋友寧願自殺也不願意被送到那個地方。有些朋友在那裡被審訊十天，受盡酷刑，慘死在那個地方。現在，我也要被關進憲兵隊。」

「星期日下午聽到這個消息以後，我非常緊張。多年以來，只要我擔心的時候，總是坐在打字機前面，打下兩個問題及其答案。兩個問題是：

（一）我擔心的是什麼？

（二）我應該怎麼做？

「之前，我不會把答案寫下來，只會在心裡思考。後來我發現，把問題和答案寫下來，可以使思路更清晰。所以，在那個星期日下午，我直接回到上海基督教青年會的住處，取出我的打字機，打下：

（一）我擔心的是什麼？我害怕明天早上會被關進憲兵隊。

（二）我應該怎麼做？我花費幾個小時思考這個問題，寫下四種可能採取的行動以及後果。

1. 我可以去向日本海軍上將解釋。可是他『不會說英語』，如果找一個翻譯跟他解釋，會使他更生氣，我只有死路一條。

2. 我可以逃走。這是不可能的，他們一直在監視我，如果打算逃走，可能會被他們抓住而槍斃。

3. 我可以留在自己的房間，不再去上班。如果我這樣做，那個海軍上將可能會懷疑，也許會派遣士兵來抓我，不給我說話的機會，就把我關進憲兵隊。

4. 星期一早上，我照常上班。那個海軍上將可能正在忙，忘記那件事情。即使他記得，也可能已經冷靜下來，不再找麻煩。即使他來吵，我還是有機會解釋。」

「我前思後想，決定採取第四個方法——像平常一樣，星期一早上去上班。然後，我鬆了一口氣。」

「第二天早上，我走進辦公室的時候，那個日本海軍上將坐在那裡，叼著一根香菸，看了我一眼，就像平常一樣，什麼話也沒有說。六個星期以後，他被調回東京，我的憂慮就此告終。」

「這要歸功於那個星期日下午我坐下來寫出各種不同的情況及其後果，然後鎮定地做出決定。如果我沒有那樣做，可能會猶豫不決，最後做出錯誤決定。滿面驚慌和愁容可能會引起那個日本海軍上將的懷疑，促使他採取行動。」

「採取以下四個步驟，可以消除我九〇%的憂慮：

（一）清楚地寫下我擔心的是什麼？

（二）寫下我可以怎麼做。

（三）決定應該怎麼做。

（四）立刻開始執行這個決定。」

蓋倫・利奇菲爾德誠懇地告訴我：他的成功應該歸功於這種分析憂慮和正視憂慮的方法。他的方法為什麼這麼好？因為它有效又直攻問題的核心。最重要的是第三步，也是最不可缺少的一步：決定應該怎麼做。除非我們可以立刻採取行動，否則我們收集事實和加強分析就會失去作用——只是一種精力的浪費。

威廉・詹姆斯說：「如果做出決定，當天就要採取行動，不必關心責任問題，也不必關心後果。」

（在這種情況下，他把「關心」當作是「焦慮」的同義詞。）他的意思是：如果你以事實為基礎，做出一個謹慎的決定，就要立刻採取行動，不要停下來重新考慮，不要遲疑、擔憂、猶豫，不要懷疑自己，不要回頭看。

我曾經問一位奧克拉荷馬州最成功的石油商人懷特・菲利普，如何把決心付諸行動。他回答：「我發現，如果超過某個限度之後，還是繼續思考問題，就會造成混亂和憂慮。更多的調查和思考對我們無益的時候，就是我們必須下定決心、付諸行動、不再回頭的時候。

你為什麼不立刻使用蓋倫・利奇菲爾德的方法來解除你的憂慮？

第一個問題——我擔心的是什麼？

第二個問題——我可以怎麼做？

第三個問題——我決定怎麼做？

第四個問題——我什麼時候開始做？

如何減少工作上的憂慮？

如果你是一個商人，也許會認為：這個標題真是荒謬。我從事這個行業已經十幾年，竟然有人想要告訴我，如何消除生意上五〇%的憂慮——簡直是荒謬。

這句話一點也沒錯。如果我在幾年以前看到這樣的標題，也會有同樣的感覺。這個標題好像可以幫助你，實則不值一文。

讓我們開誠布公吧！也許我無法幫助你解決生意上五〇%的憂慮，從我剛才分析的結果來看，除了你自己，沒有人可以做到這一點。可是，我可以做到的是：讓你看看別人怎麼做，剩下的要看你自己。

之前曾經提到舉世聞名的亞歷克西・卡雷爾博士的這句話：「不知道如何戰勝憂慮的商人早逝。」

既然憂慮的後果如此嚴重，如果我可以幫助你消除——即使是其中的一〇%，你會不滿意嗎？好吧，我要告訴你一位高級主管，如何不只消除自己五〇%的憂慮，並且節省七〇%之前用於開會和解決生意問題的時間。

此外，我不會告訴你那些無法證實的事情，這件事情的主角是一個活生生的人——里昂・尚金。多年以來，他一直是美國最重要的出版社之一的合夥人兼總經理：西蒙與舒斯特，現在是紐約州紐約市袖珍圖書公司的董事長。

以下是他的經驗：

「十五年來，我幾乎每天要花費一半的時間開會和討論問題。會議上，我們很緊張，坐立不安，彼此辯論。一天下來，我感到筋疲力盡。如果有人對我說，我可以減去四分之三的會議時間，可以消除四分之三的神經緊張，我一定會認為他是癡人說夢，可是我設計一個可以做到這一點的方法。我已經使用這個方法八年，對我的效率、我的健康、我的快樂，都有意想不到的好處。」

「以下是我的秘訣：第一，我立刻停止在會議中使用十五年的程序——那些遇到麻煩的同事報告問題的細節，然後問：『我們應該怎麼做？』第二，我制定一個新的規則——所有想要向我提出問題的人，必須準備一份書面報告，回答以下四個問題：

一・出現什麼問題？

（之前，我們經常花費幾個小時開會，但是沒有人知道真正的問題是什麼。）

二・問題的起因是什麼？

（我驚訝地發現自己浪費很多時間，但是無法清楚地找出造成問題的根本原因是什麼。）

三・這個問題可能有什麼解決方法？

（之前，一個人會提出一個解決方法，另一個人會跟他辯論。辯論經常離題，會議結束以後，沒有任何解決方法。）

四・你建議用什麼解決方法？

（我曾經花費幾個小時為某種情況擔心，不斷地繞圈子，從未思考所有可行的方法，然後寫下來：這是我建議的解決方法。）」

「現在，我的同事很少向我提出問題。因為他們發現，認真回答上述四個問題之後，最適當的解決方法就會像麵包從烤箱中自動跳出來一樣。即使一定要討論，花費的時間只是之前的三分之一，因為討論的過程有條理而且符合邏輯，最後可以得到合理的結論。」

法蘭克・貝特格，這位美國保險業的鉅子，運用類似的方法，不僅消除煩惱，而且增加收入。他說：「我剛開始推銷保險的時候，對自己的工作充滿熱情。後來發生一些事情，使我非常氣餒。我鄙視自己的工作，幾乎要辭職了，可是我突然想到一件事情，在一個星期六的早晨，我坐下來，想要找出自己憂慮的根源。

（一）我先問自己：『出現什麼問題？』我的問題：我拜訪那麼多人，成績卻不理想。我和客戶談得很愉快，可是就要成交的時候，他會對我說：『我再考慮一下，下次再說吧！』我又要浪費時間去找他，使我覺得很沮喪。

（二）我問自己：『有什麼可行的解決方法？』回答之前，我必須研究之前的情況。我拿出之前十二個月的記錄本，仔細看著上面的數字。我驚訝地發現，自己賣出的保險，七〇％是在第一次見面成交；二三％是在第二次見面成交；只有七％，是在第三、第四、第五次……成交。實際上，我的工作時間，幾乎有一半浪費在七％的業務上。

（三）答案是什麼？很明顯，我立刻停止第二次以後的拜訪，空出的時間用於尋找新的客戶。結果令人難以置信：在很短的時間裡，每次致電的時候，我的業績就會增加一倍。」

現在，法蘭克・貝特格每年承接的保險業務在一百萬美元以上。可是他曾經想要放棄自己的工作，幾乎就要承認失敗。最後，分析問題使他走上成功之路。

以下再列出幾個問題，看看你是否也可以運用它們：

（一）出現什麼問題？

（二）問題的起因是什麼？

（三）這個問題可能有什麼解決方法？

（四）你建議用什麼解決方法？

—第三章—

改掉憂慮的習慣

How to Stop
Worrying and Start Living

Carnegie

把憂慮從你的思想中趕走

我的班上，有一個叫做馬里安・道格拉斯的學生。他告訴我，他的家裡曾經遭遇兩次不幸。第一次，他失去五歲的女兒，一個他非常喜愛的孩子。他和妻子認為自己無法承受這個打擊。更不幸的是，「十個月以後，我們又有另一個女兒——但是她只活了五天。」

接二連三的打擊，使他們幾乎無法承受。這位父親告訴我們：「我睡不著，吃不下，無法休息或是放鬆，精神受到致命的打擊，信心消失殆盡，吃安眠藥和旅行也沒有用。我的身體好像被夾在一把鉗子裡，這把鉗子越來越緊。」

「但是，感謝上帝，我還有一個四歲的兒子，他教導我們解決問題的方法。一天下午，我呆坐在那裡為自己難過的時候，他問我：『爸爸，你可以為我建造一艘船嗎？』我實在沒有興趣，可是這個小傢伙很纏人，我只好答應他。」

「建造那艘玩具船，大概花費三個小時，等到完成的時候，我發現這三個小時是幾個月以來精神放鬆和平靜的時刻。」

「這個發現使我如夢初醒，幾個月以來，第一次有精神去思考。我明白了，如果你忙於做需要計畫和思考的事情，很難再去憂慮。對我來說，建造這艘船把我的憂慮衝垮了，所以我決定使自己不斷地忙碌。」

「第二天晚上，我巡視每個房間，把應該做的事情列出一張清單。有一些東西需要修理，例如：書櫃、樓梯、窗簾、門把、門鎖、漏水的水龍頭。兩個星期裡，我列出兩百四十二件需要做的事情。」

「從此以後，我使自己的生活中充滿啟發性的活動：每個星期兩個晚上，我到紐約市參加成人教育班，並且參加一些小鎮上的活動，現在擔任學校董事會主席，協助紅十字會和其他機構的募款，我現在忙得簡直沒有時間憂慮。」

沒有時間憂慮，這正是邱吉爾在戰事緊張到每天要工作十八個小時的時候說的。別人問他是否因為那麼重的責任而憂慮的時候，他說：「我太忙了，沒有時間憂慮。」

查爾斯・凱特林在發明汽車自動點火器的時候，也遇到這種情形。凱特林先生一直是通用公司的副總裁，負責世界知名的通用汽車研究公司，可是當年他窮得要用穀倉裡堆稻草的地方做實驗室。家裡的開銷，都是依靠他的妻子教鋼琴的一千五百美元酬勞。我問他的妻子在那段時間是否很憂慮，她說：「是的，我擔心得睡不著。可是凱特林先生不擔心，他全神貫注於工作，沒有時間憂慮。」

科學家巴斯德曾經說：「在圖書館和實驗室可以找到平靜。」因為在那裡，人們全神貫注於工作，不會為自己擔憂。從事研究工作的人很少精神崩潰，因為他們沒有時間去享受這種奢侈。

心理學有一個最基本的定理：無論一個人多麼聰明，不可能在同一時間，思考一件以上的事情。如果你不相信，坐在椅子上閉起雙眼，試著同時思考自由女神像和你明天早上準備做的事情。

你會發現，只能輪流思考一件事情，無法同時思考兩件事情。你的情感也是如此。我們無法激動而熱忱地想要做一些令人興奮的事情，但是同時因為憂慮而拖延。一種感覺會把另一種感覺趕出去。這個簡單的發現，使軍隊的心理治療專家在戰爭中可以創造這個方面的奇蹟。

一些從戰場上退下來的人，經常罹患「心理上的精神衰弱症」，軍醫們使用「讓他們忙碌」來治療。除了睡覺以外，每分鐘都讓他們活動：釣魚、打獵、打球、拍照、種花、跳舞，不讓他們有時間去回想自己那些可怕的經歷。

「職業性的治療」是近代心理醫學使用的名詞，也就是：把工作當作治病的藥。這個方法在西元前五百年，古希臘的醫生就已經使用了。

富蘭克林時代，費城貴格會也使用這個方法。一七七四年，有人去參觀貴格會的療養院，發現那些精神病的病人正在忙著紡紗織布以後很驚訝，他認為病人在被迫勞動——後來，貴格會的人向他解釋，他們發現那些病人只有在工作的時候，病情才可以真正有所好轉，因為工作可以安定神經。

著名詩人亨利・朗費羅的妻子不幸燒傷而去世以後，他幾乎發瘋。幸好，他有三個幼小的孩子需要他照顧。父兼母職，他帶他們散步，說故事給他們聽，和他們一起嬉戲，並且把父子之間的感情永存在《孩子們的時間》一詩裡。他也翻譯但丁的《神曲》，忙碌使他重新得到思想的平靜。就像丁尼生在最好的朋友亞瑟·哈倫去世的時候，曾經說：「我一定要讓自己沉浸在工作中，否則就會因為絕望而煩惱。」

對大多數人來說，在做日常工作的時候，「沉浸在工作中」不會有什麼問題。可是，下班之後——就在我們可以自由自在地享受悠閒和快樂的時候——憂慮的惡魔就會開始向我們進攻。這個時候，我們經常開始思考：我們的生活中有什麼成就；我們的工作有沒有進步；主管今天說的那句話，是否有「特殊的含義」；我們的頭髮是否開始禿了……

我們不忙的時候，頭腦經常出現真空狀態。每個學物理的學生都知道，「自然界中，沒有真空狀態」。一個白熾燈泡打破以後，空氣就會立刻進去，填上理論上說來是真空的那個空間。

你的頭腦空閒下來，也會有東西進去填上。是什麼？經常是你的感覺。為什麼？因為憂慮、懼怕、憎恨、嫉妒、羨慕等情緒，都是由我們的思想控制的，它們會把我們思想中所有的平靜和快樂的情緒趕出去。

詹姆斯·默塞爾是哥倫比亞師範學院教育學的教授，他在這個方面說得很好：「憂慮最容易傷害你的時候，不是在你有所行動的時候，而是在一天的工作結束以後。這個時候，你的想像力開始混亂，使你把每個錯誤加以誇大。你的思想就像一輛沒有裝貨的車子橫衝直撞，撞毀一切，甚至把自己撞成碎片。消除憂慮的最好方法，就是讓自己忙於做任何有意義的事情。」

不是大學教授的人，也可以明白這個道理，也可以付諸實踐。第二次世界大戰時期，我在火車上遇到一對住在芝加哥的夫婦。他們告訴我，他們的兒子在珍珠港事變的第二天參加陸軍。那位夫人因為擔心兒子的生命安全，幾乎到了損害自己身體健康的地步。

我問她，後來怎麼克服憂慮？她回答：「我讓自己忙著。」最初，她把女傭辭退，想要讓自己忙於家務，可是沒有什麼效果。「原因是：我做家務的時候，基本上是機械化的，完全不用頭腦。所以，我整理床鋪和洗碗的時候，還是一直擔憂。我發現自己需要一個新的工作，使我每天的身體和心靈都在忙碌，於是我到一家百貨公司做售貨員。」

「這下好了，」她說，「顧客蜂擁而至，問我價錢、尺寸、顏色等問題，沒有一秒鐘可以讓我去想工作以外的事情。晚上，我只想如何才可以讓雙腳休息。每天吃完晚飯以後，我倒頭就睡，沒有時間也沒有體力去憂慮。」

約翰・庫伯・波厄斯在《忘記不愉快的藝術》一書中說：「舒適的安全感、內在的平靜、因為快樂而反應遲鈍的感覺，可以使人們在專心工作的時候，精神鎮靜。」

世界上最著名的女性探險家奧莎・強森十六歲結婚。二十五年來，她與丈夫環遊世界各地，拍攝亞洲和非洲逐漸絕跡的野生動物的影片。九年前，他們回到美國，進行巡迴演講，放映自己那些有名的電影。他們在飛往西岸的時候，飛機撞山了，她的丈夫當場身亡，醫生們說她永遠無法再下床。可是三個月之後，她坐著輪椅發表演講。我問她為什麼這樣做的時候，她說：「我之所以這樣做，是讓自己沒有時間去悲傷和憂慮。」

海軍上將伯德在覆蓋冰雪的南極茅屋裡獨自住了五個月，方圓百里之內，沒有任何生物存在。氣候寒冷，他的呼氣也被凍住了。在《孤寂》一書中，他敘述在難熬又可怕的黑暗中度過的五個月，他必須忙個不停以保持理智。

他說：「晚上熄燈之前，我已經安排明天的工作。例如：一個小時去檢查逃生隧道，一個小時去調整油桶，兩個小時去修理載客雪橇……」

「可以把時間分開安排，是非常有益的。它使我產生一種可以主宰自我的感覺。否則，日子就會沒有目的。沒有目的，這些日子就會像平常一樣，最後變得分崩離析。」

已故的哈佛大學醫學院教授理查•卡伯特在他的《生活的條件》中指出：「作為一位醫生，我很高興看到工作可以治癒病人。他們染上的，是由於過分恐懼、遲疑、躊躇帶來的病症。工作可以帶給人們勇氣。」

如果我們無法保持忙碌，而是坐著煩惱，就會產生許多達爾文稱為「胡思亂想」的東西，這些「胡思亂想」就像傳說中的妖精，會掏空我們的思想，摧毀我們的意志。

我認識紐約的一位企業家，他用忙碌來趕走那些「胡思亂想」，使自己沒有時間去煩惱和憂慮。他的名字是川普・郎曼，也是我成人教育班的學生。他征服憂慮的經歷非常有趣，也非常特殊。所以下課之後，我請他一起吃晚餐。我們在一家餐廳裡坐到深夜，談論他的那些經歷。以下是他告訴我的故事：

「十八年前，我因為憂慮過度而罹患失眠。我非常緊張，脾氣暴躁，而且很不穩定，我覺得自己快要崩潰了。」

「我如此憂慮是有原因的。當時，我是紐約皇冠水果製品公司的財務經理。我們投資五十萬美元，把草莓裝在一加侖的罐子裡。二十年來，我們把這種一加侖裝的草莓賣給製造冰淇淋的廠商。後來有一段時間，我們的銷售量減少。那些大型的冰淇淋製造商，像國家乳製品公司之類的，產量急劇增加。為了節省金錢和時間，降低成本，他們購買三十六加侖一桶的草莓。」

「我們不僅無法銷售五十萬美元的草莓，而且根據合約規定，在今後的一年之內，我們必須再購買一百萬美元的草莓。我們已經向銀行借了三十五萬美元，現在無法償還借款，也無法籌集到需要的款項，所以我非常憂慮。」

「我趕到我們在加州沃森維爾的工廠，想要讓我們的總經理知道情況有所改變，我們可能面臨毀滅的命運。但是他不願意相信，把這些問題的全部責任歸咎於紐約的公司——那些可憐的業務員身上。」

「經過幾天的請求之後，我終於說服他停止包裝更多的草莓，並且在舊金山的新鮮漿果市場上出售我們的新產品。這樣做，幾乎解決我們的問題。照理說，我不應該再憂慮，可是我無法做到這一點。憂慮是一種習慣，我已經染上這種習慣。」

「回到紐約之後，我開始為每件事情擔憂：在義大利購買的櫻桃、在夏威夷購買的鳳梨……我非常緊張，睡不著覺。就像我剛才說過的那樣，簡直快要崩潰了。」

「在絕望中，我換了一種新的生活方式，結果治癒我的失眠，也使我不再憂慮。我盡量使自己忙碌，忙到我必須付出所有精力和時間，以致沒有時間憂慮。之前，我每天工作七個小時；現在，我每天工作十五～十六個小時。我每天早上八點到辦公室，一直待到半夜。我接下新的工作，負起新的責任。我半夜回到家的時候，總是筋疲力盡地倒在床上，很快進入夢鄉。」

「這樣過了差不多三個月，我終於改掉憂慮的習慣，重新回到每天工作七～八個小時的正常情形。這件事情發生在十八年前，從此以後，我沒有再失眠和憂慮過。」

蕭伯納說得很好，他說：「讓人愁苦的秘訣是：有閒暇時間來思考自己是否快樂。」所以不必去想它。讓自己變得忙碌，你的血液就會開始循環，你的思想就會開始變得敏銳——讓自己保持忙碌，這是世界上最便宜的一種藥，也是最好的一種。

卡內基
人性的優點。

在憂慮毀掉你之前，先改掉憂慮的習慣，第一條規則是：

讓自己保持忙碌。憂慮的人一定要讓自己沉浸在工作中，否則只會在絕望中掙扎。

不要讓小事使你垂頭喪氣

這是一個戲劇性的故事，主角的名字是羅伯特・摩爾。

「一九四五年三月，我在中南半島附近兩百七十六英尺深的海下，學到一生中最重要的一課。當時，我在一艘潛水艇上。我們從雷達上發現一支日軍艦隊——一艘驅逐艦、一艘油輪、一艘佈雷艦——朝著我們這邊開來。我們發射三枚魚雷，但是沒有擊中。突然，那艘佈雷艦直接向我們開來。（一架日本飛機利用無線電，把我們的位置通知它。）我們潛到一百五十英尺深的地方，以免被它偵察到，同時做好應付深水炸彈的準備，並且關閉冷卻系統和所有電氣設備。」

「三分鐘以後，天崩地裂。六枚深水炸彈在周圍炸開，把我們推向海底——兩百七十六英尺的地方。深水炸彈不停地投下，十五個小時，有幾十個在距離我們五十英尺的地方爆炸——如果深水炸彈距離潛水艇不到十七英尺，潛水艇就會炸出一個洞。我們奉命躺在自己的床上，保持鎮定。我嚇得無法呼吸，不停地對自己說：『這下死定了。』潛水艇的溫度超過一百度，可是我害怕得全身發冷，冷汗直流。十五個小時以後，攻擊停止了，顯然那艘佈雷艦用光所有炸彈以後開走了。這十五個小時，我感覺好像有一千五百萬年，我過去的生活在眼前出現。我記起做過的所有壞事，以及曾經擔心的無聊小事。我曾經擔心，沒有錢買自己的房子，沒有錢買車，沒有錢給妻子買漂亮衣服。下班回家，經常和妻子為一些小事吵架。我為自己額頭上一個疤痕——一次車禍留下的傷痕——煩惱。

「多年之前，那些令人煩惱的事情，在深水炸彈威脅生命的時候，顯得如此荒謬。我對自己發誓，如果還有機會再看到太陽和星星，我永遠不會再擔心。在這十五個小時裡，我從生活中學到的，比我在大學讀書四年學到的更多。」

我們經常勇敢地面對重大的生活災難，但是被一些小事弄得垂頭喪氣。海軍上將伯德也發現這一點，他的部屬可以毫無怨言地從事危險而艱苦的工作。「可是我知道，有幾個同房的人彼此不說話，因為懷疑別人把東西亂放，佔據自己的地方。有一個講究細嚼進食的人，每口食物要咀嚼二十八次。另一個人要找一個看不見這個人的地方，才有辦法吃飯。」

權威人士認為，「小事」如果發生在夫妻生活中，還會造成「世界上半數的傷心人」。芝加哥的約瑟夫·薩巴斯法官，在仲裁四萬多件不愉快的婚姻案件之後說：「婚姻生活不美滿，最基本的原因經常是一些小事。」

羅斯福夫人剛結婚的時候，「每天都在擔心，因為她的新廚師做得很差」。可是如果事情發生在現在，「我會聳聳肩膀，忘記這件事情。」好極了，這樣才是一個成年人的做法。即使是凱薩琳女皇，一個絕對的獨裁者，廚師做壞一頓飯的時候，也只是付之一笑。

有一次，我們到芝加哥一個朋友家吃飯，分菜的時候，他做錯一些事情，我沒有注意到，可是他的妻子立刻在我們的面前指責他：「約翰，看看你在做什麼！你永遠無法學會正確地服務嗎？」她又對我們說：「他總是在犯錯，完全沒有用心。」也許他確實沒有做好，可是我很佩服他，可以和他的妻子相處二十年。坦白地說，我寧願吃兩個抹上芥末的熱狗——只要可以吃得舒服——也不願意聽著她的責罵，然後享用北京烤鴨和魚翅。

不久，我和妻子邀請幾個朋友來聚餐。客人快到的時候，妻子發現三條餐巾和桌布顏色不配。後來，她告訴我：「我發現另外三條餐巾送去洗了。客人已經到門口，我急得快要哭出來。為什麼這個愚蠢的錯誤會毀掉我整個晚上？我突然想到，為什麼要毀掉我？我走進去吃飯，決定享用一番。我寧願朋友們認為我是一個懶散的家庭主婦，也不願意他們認為我是一個脾氣不好的女人。而且，據我所知，沒有人注意到那些餐巾。」

每個人都知道：「法律不會注意那些小事。」我們也不必為這些小事煩惱。

實際上，想要克服一些小事引起的煩惱，只要轉移看法和重點就可以——在心中建立一個新的、令人愉悅的觀點。

我的朋友作家荷馬・克羅伊告訴我，之前他在寫作的時候，經常被紐約公寓熱水的響聲吵得快要發瘋。「有一次，我和幾個朋友出去露營，聽到木柴燒得火紅的響聲，我突然想到：這些聲音和熱水的響聲一樣，為什麼我會喜歡這個聲音而討厭那個聲音？回家以後，我告誡自己：火堆裡的木柴爆裂聲很好聽，熱水的聲音也差不多。我可以倒頭就睡，不理會這些噪音。結果，前幾天我注意它的聲音，可是很快就完全忘記它。」

很多小憂慮也是如此。我們不喜歡一些小事，結果使自己垂頭喪氣。其實，我們誇大那些小事的重要性……

迪斯雷利說：「生命太短促了，不要再顧及小事。」

「這些話，」安德烈・莫洛亞在《本周》雜誌中說，「曾經幫助我經歷很多痛苦的事情。我們經常因為一些小事，一些原本應該不屑一顧的小事，弄得心煩意亂……我們生活在這個世界上，只有短短的幾十年，我們失去許多無可替代的時光，煩惱那些一年之內就會忘記的小事。我們應該把自己的生活用於值得做的行動和感覺上：偉大的思想，真實的感情，持久的事業。因為生命太短促了，不要再顧及小事。」

名人吉卜林和他的小舅子打了佛蒙特州有史以來最有名的一場官司。吉卜林娶了一個佛蒙特州的女子，在布拉特爾伯勒建造一棟漂亮房子，準備在那裡安度餘生。他的小舅子比提・貝爾斯迪爾，成為他最好的朋友，他們一起工作，一起遊戲。

後來，吉卜林從貝爾斯迪爾那裡購買一些土地，事先說好貝爾斯迪爾可以每個季度在那塊土地上割草。有一天，貝爾斯迪爾發現吉卜林在那塊土地上鋪設一個花園，他非常生氣，暴跳如雷，吉卜林反唇相譏，弄得佛蒙特州綠色山脈上的天空都黑了。

幾天以後，吉卜林騎腳踏車出去玩，被貝爾斯迪爾的馬撞在地上。這位曾經寫過「眾人皆醉，你應該獨醒」的人失去理智，告上法院，貝爾斯迪爾被逮捕。接下來，是一場很熱鬧的官司，結果使吉卜林帶著妻子，永遠離開美國的家。這一切，只是為了一件很小的事情——一車乾草。

哈里・愛默生・福斯迪克說過一個故事：「在科羅拉多州朗斯峰的山坡上，躺著一棵大樹的殘骸。自然學家告訴我們，它有四百多年的歷史。在它漫長的生命裡，曾經被閃電擊中十四次，無數次狂風暴雨侵襲它，它都可以戰勝它們。但是在最後，一群甲蟲的攻擊使它永遠倒在地上。那些甲蟲從根部向裡面咬，逐漸損傷這棵樹的元氣。雖然牠們很小，卻是持續不斷地攻擊。這棵森林中的大樹，歲月不曾使它枯萎，閃電不曾將它擊倒，狂風暴雨不曾使它動搖，卻因為一群用拇指和食指就可以捏死的甲蟲，終於倒了下來。」

我們不是像森林中那棵身經百戰的大樹嗎？我們經歷生命中無數狂風暴雨和閃電的襲擊，也撐過來了，卻讓憂慮的甲蟲咬噬——那些用拇指和食指就可以捏死的甲蟲。

幾年前，我和懷俄明州公路局局長查爾斯・賽費德先生，以及其他朋友去參觀洛克菲勒在提頓國家公園中的一棟房子。我的車轉錯一個彎，遲到一個小時，只有賽費德先生有鑰匙，所以他在那個炎熱而且有蚊子的森林中等待一個小時。我們到達的時候，在多得可以讓聖人發瘋的蚊子中，賽費德先生正在吹一支折下的白楊樹枝做成的笛子，並且把它當作一個紀念品，紀念一個不在乎小事的人。

在憂慮毀掉你之前，先改掉憂慮的習慣，第二條規則是：

不要讓自己因為一些應該拋棄和忘記的小事煩惱，要記住，生命太短促了。

機率可以戰勝憂慮

小時候，我的心中充滿憂慮。我害怕被活埋，我害怕被閃電擊中，我害怕死後會下地獄。我害怕一個叫做山姆．懷特的男孩會割下我的耳朵——像他曾經威脅我的那樣。我害怕女孩在我脫帽向她們鞠躬的時候取笑我，我害怕將來沒有女孩願意嫁給我……我經常花費幾個小時，思考這些驚天動地的問題。

日子一年一年地過去，我發現自己擔心的事情中，九九％根本不會發生。現在我知道，無論哪一年，自己被閃電擊中的機會，只有三十五萬分之一。活埋，即使是在發明木乃伊以前的時代——一千萬個人之中，可能只有一個人被活埋。

每八個人之中，就有一個人可能死於癌症。如果我一定要煩惱，也應該為罹患癌症煩惱——不應該煩惱被閃電擊中，或是遭到活埋。

事實上，很多成年人的憂慮也同樣荒謬。如果我們根據機率評估自己的憂慮是否值得，我們百分之九十的憂慮就會自然消除。

全世界最有名的保險公司——倫敦勞埃德保險公司——依靠人們對一些很少發生的事情的擔憂，賺進數不清的金錢。它是在和一般人打賭，只是被稱為保險而已。實際上，這是以機率為根據的賭博。這家保險公司已經有兩百年的歷史，除非人類的本性有所改變，否則它可以繼續維持五千年。它只是將保鞋子的險、保輪船的險，利用機率向你保證那些災難發生的情況，不像一般人想像的那麼常見。

如果我們分析機率，經常會因為自己發現的事實而驚訝。例如：如果我知道在五年以內，我必須像蓋茲堡戰役那樣浴血奮戰，我一定會被嚇壞了。我會想盡辦法，增加自己的人壽保險；我會寫下遺囑，變賣所有的財產。我會說：「我可能無法活著熬過這場戰爭，所以我最好痛快地活著。」但是事實上，五十～五十五歲之間，每一千個人之中，死亡的人數和蓋茲堡戰役參戰的十六萬三千個士兵，每一千個人之中死亡的人數相等。

一年夏天，我在加拿大洛磯山區弓湖的岸邊遇到赫伯特•沙林傑夫婦。沙林傑夫人是一位鎮定而安詳的女人，給我的印象是：她從來沒有憂慮過。一天晚上，我問她是否曾經因為憂慮而煩惱。「煩惱？」她說，「我的生活幾乎被憂慮毀掉。在我學會征服憂慮之前，我在自作自受的苦難中生活十一年。那個時候，我的脾氣暴躁，生活在非常緊張的情緒下。買東西的時候，我也是煩惱得要命——也許房子著火了，也許傭人逃跑了，也許孩子們被汽車撞死了……我經常因為煩惱而直冒冷汗，然後衝出商店，搭乘公車回家，看看一切是否很好，難怪我的第一次婚姻沒有好結果。」

「我的第二任丈夫是一個律師——一個對任何事情可以加以分析的人，從來不為任何事情憂慮。我緊張或是焦慮的時候，他會對我說：『不要緊張，讓我們認真地思考……你真正擔心的是什麼？讓我們分析事情發生的機率，這種事情是不是有可能會發生。』

「記得有一次，我們在新墨西哥州的公路上，遇到一場暴風雨。」

「道路很滑，車子很難控制。我想，我們會滑到路邊的水溝裡，可是我的丈夫一直對我說：『我現在開得很慢，不會出事。即使車子滑到水溝裡，我們也不會受傷。』他的鎮定和自信，使我逐漸平靜下來。」

「有一年夏天，我們到洛磯山區露營。一天晚上，我們在海拔七千英尺的地方紮營，突然遇到暴風雨。帳篷在風雨中顫抖著、搖晃著，發出尖銳的叫聲。我每分鐘都在想：帳篷被吹垮了，飛到天上了。我真的被嚇壞了，可是我的丈夫一直說：『親愛的，我們有幾個印第安嚮導，他們對這裡瞭若指掌。他們在山裡紮營已經有六十年，從來沒有發生帳篷被吹垮的事情。根據機率，今天晚上帳篷不會被吹垮。即使被吹垮了，我們可以躲到其他帳篷裡，所以你不必緊張。』我放鬆精神，那個晚上睡得很安穩，而且什麼事情也沒有發生……」

「『根據機率，這種事情不會發生。』這句話消除我九〇％的憂慮，使我過去二十多年的生活過得美好而平靜。」

喬治・克魯克將軍曾經說：「幾乎所有的憂慮和哀傷，都是來自人們的想像，並非來自現實。」

我回顧自己過去的幾十年，發現自己大多數的憂慮也是這樣產生的。吉姆・格蘭特告訴我，他的經驗也是如此。他從佛羅里達購買水果的時候，經常有一些奇怪的想法，例如：「火車翻覆怎麼辦？」「水果滾得滿地都是怎麼辦？」「我的車子過橋的時候，橋樑倒塌怎麼辦？」雖然這些水果都有保險，但是他仍然擔心火車如果誤點，自己的水果賣不出去。他甚至懷疑自己因為憂慮過度罹患胃潰瘍，因此去找醫生檢查。醫生告訴他，沒有任何問題，只是過於緊張。「這個時候，我終於明白真相，」他說，「我開始問自己：『吉姆，這麼多年以來，你處理過多少車水果？』答案是：『大概兩萬五千輛吧！』我又問：『這麼多年以來，有幾輛車子發生車禍？』答案是：『哦——大概五輛。』我接著問：『你知道這是什麼意思嗎？機率是五千分之一，你在擔心什麼？』」

「然後，我對自己說：『橋樑也許會倒塌。』又問自己：『過去有幾輛車子是因為橋樑倒塌而損失的？』答案是：『沒有。』我對自己說：『為了一座尚未倒塌的橋樑，為了五千分之一的火車翻覆，竟然會憂慮過度罹患胃潰瘍，不是很傻嗎？』」

「從此以後，我發現自己過去很傻，再也沒有為『胃潰瘍』而煩惱。」

艾爾・史密斯擔任紐約州州長的時候，經常對政客說：「讓我們檢查記錄。」我們也可以向他學習，檢查以前的記錄，看看自己這樣憂慮是否有道理。這也是弗雷德里克・馬爾斯泰特害怕自己躺在墳墓裡的時候做的事情：

「一九四四年六月上旬，我躺在奧馬哈海灘附近的一個散兵坑裡。我看著這個長方形的坑，對自己說：『這看起來就像一個墳墓，也許這是我的墳墓。』晚上十一點，德軍的轟炸機開始活動，炸彈紛紛落下，我被嚇壞了。前三天晚上，我根本無法入睡，到了第四天還是第五天晚上，我幾乎精神崩潰。我知道，如果我不做任何事情，我就會發瘋。所以，我提醒自己，已經過了五個晚上，但是我還活著，而且這一組人都活著，只有兩個人受傷。他們受傷，不是被德軍的炸彈擊中，而是被我們自己的炮彈碎片擊中。我在自己的散兵坑上，建造一個厚厚的木頭屋頂，使我不至於被炮彈碎片擊中。我告訴自己：『除非炸彈直接命中，否則我死在這個又深又窄的坑裡，幾乎是不可能的。』我算出直接命中率不到萬分之一，經過兩個晚上的思考，我逐漸平靜下來。後來，即使在炸彈攻擊中，我也可以睡得很安穩。」

「美國海軍經常利用機率統計的數字來鼓舞士氣。曾經做過海軍的克萊德‧馬斯說過一個故事：他和他的船友被派到一艘油輪上的時候，他們都嚇壞了。這艘油輪運送高辛烷值汽油，他們認為，如果油輪被魚雷擊中，自己必死無疑。可是，美國海軍發出一些正確的統計數字：被魚雷擊中的一百艘油輪中，六十艘油輪沒有沉入海中。沉入海中的四十艘油輪中，只有五艘油輪不到十分鐘沉沒。知道這些數字之後，船上的人感覺好多了，我們知道自己有機會跳下船。根據機率來看，我們不會死在這裡。」

在憂慮毀掉你之前，先改掉憂慮的習慣，第三條規則是：

讓我們檢查以前的記錄，讓我們根據機率問自己：「我現在擔心會發生的事情，可能發生的機率有多少？」

適應不可避免的情況

小時候，我和幾個朋友在一間廢棄的舊木屋的閣樓上玩。我從閣樓往下跳的時候，左手食指上的戒指勾住一顆釘子，扯斷我的手指。

當時，我疼死了，也嚇壞了。等到手傷痊癒以後，我沒有煩惱，接受這個本來可以避免的事實。現在，我幾乎不會去想，自己的左手只有四根手指。

我經常想起刻在荷蘭首都阿姆斯特丹一間十五世紀的教堂廢墟上的銘文：「事情是這樣，就不會是其他樣子。」

在漫長的歲月中，我們會遇到一些令人不愉快的情況，它們是這樣，就不會是那樣，我們可以有所選擇。我們可以把它們當作不可避免的情況加以接受，並且適應它們；或是，我們讓憂慮毀掉自己的生活。

以下是我喜歡的哲學家威廉・詹姆斯的忠告：「樂於承認事實就是如此，可以接受發生的事實，就是可以克服隨之而來的任何不幸的第一步。」俄勒岡州的伊莉莎白・康利，經過許多困難以後，終於學到這一點。

「在慶祝美軍在北非獲勝的那天，我被告知我的侄子在戰場上失蹤。後來，我又被告知，他已經死了，我悲傷得無以復加。在此之前，我一直覺得生活很美好。我熱愛自己的工作，並且撫養這個侄子。在我看來，他代表年輕人美好的一切。我覺得自己以前的努力，現在正在豐收……現在，我的世界粉碎了，沒有什麼東西值得我活下去。我無法接受這個事實，悲傷過度，決定放棄工作，離開家鄉，把自己藏在眼淚和悔恨中。」

「就在我清理桌子，準備辭職的時候，突然看到一封我已經忘記的信——幾年以前，我的母親去世以後，這個侄子寄來的信。信上說：『當然，我們會想念她，尤其是你，我知道你會支撐下去。我永遠不會忘記你曾經教導我的美麗真理，永遠會記得你教導我要微笑。要像一個男子漢，承受所有發生的事情。』」

「我把那封信讀了一遍又一遍，覺得他似乎就在我的身邊，彷彿對我說：『你為什麼不依照你教導我的去做？支撐下去，無論發生什麼事情。把自己的悲傷藏在微笑下，繼續生活。』」

「於是，我對自己說：『事情到了這個地步，我沒有能力改變它，但是可以像他希望的那樣繼續生活。』我把所有心思和精力用於工作，寫信給前方的士兵——別人的兒子們。晚上，我參加成人教育班——尋找新的興趣，結交新的朋友。我不再為已經永遠逝去的事情悲傷，現在的生活比過去更充實。」

已故的喬治五世，在白金漢宮的圖書館掛著以下這句話：「教導我不要為月亮哭泣，也不要為溢出的牛奶哭泣。」叔本華也說：「可以順從，就是踏上人生旅途中最重要的事情。」

顯然，環境本身不會使我們高興或是不高興，我們對周圍環境的反應才可以決定自己的感覺。必要的時候，我們可以忍受災難和悲劇，甚至戰勝它們。我們擁有令人驚訝的內在力量，只要願意加以利用，它可以幫助我們克服困難。

已故的布斯・塔金頓總是說：「人生的任何事情，我都可以忍受，但是除了一樣，就是失明，那是我永遠無法忍受的。」

然而，在他六十多歲的時候，他的視力減退，一隻眼睛幾乎瞎了，另一隻眼睛也快瞎了，他最害怕的事情終於發生了。

對此，塔金頓有什麼反應？他沒有想到自己可以覺得非常開心，甚至可以運用自己的幽默感。那些最大的黑斑從眼前晃過的時候，他會說：「嘿，又是黑斑爺爺來了，不知道今天這麼好的天氣，它要去哪裡？」

完全失明以後，塔金頓說：「我發現自己可以承受失去視力，就像一個人可以承受任何事情一樣。如果我失去五種感官，也知道自己可以生活在自己的思想中。」

為了恢復視力，塔金頓在一年之內進行十二次以上的手術。為他進行手術的人，就是當地的眼科醫生。他知道自己無法逃避，所以減輕痛苦的唯一方法，就是優雅地接受它。他拒絕住在單人病房，而是住在普通病房，和其他病人在一起，試圖讓他們振作起來。進行手術的時候，他盡力讓自己思考他是多麼幸運。「多麼美妙啊，現代科技的發展，已經可以為人類的眼睛這麼纖細的東西進行手術。」

一般人如果要忍受十二次以上的手術和不見天日的生活，可能會變成神經病，可是這件事情教導他如何接受。這件事情使他瞭解，生命可以帶給自己的，沒有一樣是自己能力不及而無法忍受的。

我們無法改變那些不可避免的事實，可是我們可以改變自己。我知道，我已經試過了。

有一次，我拒絕接受自己面臨的不可避免的情況。結果，我失眠了幾個晚上，痛苦不堪。我讓自己想起所有不願意想起的事情。經過一年的自我折磨，我終於接受自己已經知道的不可能改變的事實。

我應該在幾年以前，吟出惠特曼的詩句：

> 哦，要像樹木和動物一樣，去面對黑夜、暴風雨、饑餓、嘲笑、意外、拒絕。

我不是提倡，遇到任何挫折的時候，就要低聲下氣，那樣會成為宿命論者。無論在什麼情況下，只要還有挽救的機會，我們就要奮鬥。可是常識告訴我們，事情是不可避免的——不可能有任何轉機——為了保持理智，我們不要「左顧右盼，無事自擾」。

已故的哥倫比亞大學院長霍克斯告訴我，他曾經作過一首打油詩，當作自己的座右銘：

天下疾病多，數也數不清，
有些可以救，有些治不好。
如果還有救，就要把藥找，
如果無法治，乾脆就忘掉。

寫這本書的時候，我採訪一些美國著名的商人。讓我印象深刻的是：他們可以接受無法避免的情況，過著無憂無慮的生活。假如他們沒有這種能力，就會在壓力下崩潰，以下是幾個很好的例子：

創辦遍布全國的連鎖商店的潘尼告訴我：「如果我損失所有的錢，也不會憂慮，因為我看不出憂慮可以讓我得到什麼。盡我所能做到最好，至於結果，就要看老天爺。」

亨利・福特告訴我同樣的事情：「遇到無法處理的事情，我會讓他們自己解決。」

克萊斯勒公司總裁凱勒先生說：「遇到困境的時候，只要可以想出解決方法，我就會去做。如果無法做到，就會乾脆忘記。我從來不為未來擔心，因為沒有人知道未來會發生什麼事情，影響未來的因素很多，何必為它們擔心？」如果你告訴凱勒，他是一個哲學家，他會非常尷尬，因為他只是一個出色的商人。但是他這種想法，類似古羅馬哲學家愛比克泰德的理論。他告誡羅馬人：「幸福只有一種方式，那就是：不為能力不及的事情憂慮。」

莎拉・伯恩哈特，可以算是深諳此道的女子。半個世紀以來，她一直是四大洲劇院的皇后，深受全球觀眾的喜愛。她在七十一歲那年破產，而且她的醫生波茲教授告訴她，必須把腿鋸斷。他以為這個可怕的消息會使莎拉歇斯底里，可是莎拉看了他一眼，平靜地說：「如果一定要這樣，也只好這樣了。」

她被推進手術室的時候，她的兒子在旁邊哭泣。她卻揮揮手，高興地說：「不要走開，我立刻就會回來。」

去手術室的路上，她背誦自己演過的台詞給醫生和護士聽，讓他們高興，「他們承受的壓力很大」。手術完成，恢復健康以後，莎拉・伯恩哈特繼續環遊世界，使她的觀眾又為她風靡七年。

沒有人有足夠的情感和精力，可以抗拒不可避免的事實，又創造一個新的生活。你只能選擇一種，生活在不可避免的暴風雨之下而彎曲身體，或是抗拒它而被折斷。

日本的柔道大師教育他們的學生：「要像楊柳一樣柔順，不要像橡樹一樣挺直。」

你知道汽車的輪胎為什麼可以在路上支撐那麼久，可以忍受那麼多的顛簸嗎？起初，製造輪胎的人想要製造一種輪胎，可以抵抗路上的顛簸。結果，輪胎不久就被切成碎條。後來，他們製造一種輪胎，可以吸收路上遇到的各種壓力，可以「接受一切」。如果我們在曲折的人生旅途上，可以承受各種壓力和所有顛簸，就可以活得更長久，享受更順利的旅程。

如果我們不吸收這些，反抗生命中遇到的挫折，就會產生許多內在的衝突，就會憂慮、緊張、急躁而神經質。

如果再退一步，我們拋棄現實社會的不愉快，退縮到自己的夢幻世界中，我們就會精神錯亂。

有一個叫做威廉・卡塞利斯的人，說過以下這個故事：

「我加入海岸防衛隊以後不久，就被派到大西洋這邊監管炸藥。我——一個賣餅乾的店員，竟然成為監管炸藥的人！只是想到站在幾千噸黃色炸藥上，就把我嚇得連骨頭都凍住了。我只有接受兩天的訓練，我學到的東西使我感到更恐懼。」

「第一次執行任務的時候，天又黑又冷，還起著霧。我奉命到紐澤西州的卡文角碼頭執行任務。五個身強力壯卻對炸藥一無所知的碼頭工人，正在將重兩千～四千磅的炸彈往船上裝。每個炸彈包含一噸的黃色炸藥，足夠把那艘舊船炸得粉碎。我非常害怕，渾身發抖，嘴巴發乾，膝蓋發軟，心跳加速。可是我不能跑開，那就是逃亡，不只是我會丟臉，我的父母也會丟臉，而且我可能因為逃亡而被槍斃，我只能留下來。在擔心受怕、緊張一個多小時之後，我終於可以運用常識來考慮問題。我對自己說：『就算被炸到又怎麼樣？反正也沒有什麼感覺。這種死法很痛快，比死於癌症好得多。這個工作不能不做，否則會被槍斃，不如做得開朗一些。』」

「這樣跟自己說了幾個小時以後，我開始覺得輕鬆一些。最後，我克服自己的憂慮和恐懼，讓自己接受不可避免的情況。」

卡內基
人性的優點。

除了耶穌被釘在十字架以外，歷史上最有名的死亡是蘇格拉底之死。即使一百萬年以後，人們還是會欣賞柏拉圖對這件事情做出的不朽描述——也是所有的文學作品中，最動人的一章。雅典的一些人，對打著赤腳的蘇格拉底又嫉妒又羨慕，給他找出一些罪名，把他審問之後處以死刑。那個善良的獄卒把毒酒交給蘇格拉底的時候，對他說：「對於必然的事情，暫且輕快地接受。」蘇格拉底確實做到這一點。他以平靜而順從的態度面對死亡，那種態度幾乎已經可以算是聖人。

「對於必然的事情，暫且輕快地接受。」這是在西元前三九九年說的。但是在這個充滿憂慮的世界，今天比以往更需要這句話。

在過去的八年中，我幾乎閱讀自己可以找到的關於如何消除憂慮的每篇文章。讀過這麼多文章之後，你知道我找到的最佳忠告是什麼嗎？就是以下這幾句——紐約協和神學院實用神學教授萊恩霍德・尼布爾提供的無價禱詞：

請賜我沉靜，
承受我不能改變的事情；
請賜我勇氣，
改變我可以改變的事情；
請賜我智慧，

判斷兩者的區別。

在憂慮毀掉你之前，先改掉憂慮的習慣，第四條規則是：

適應不可避免的情況。

為憂慮畫出「到此為止」的界線

查爾斯・羅伯茲是一個投資顧問，他告訴我：「我剛從德州到紐約的時候，身上只有兩萬美元，是朋友託我到股票市場投資所用。原本以為我非常瞭解股票市場，可是我賠得一分也不剩。如果是自己的錢，我可以不在乎，可是我覺得把朋友的錢賠光，是一件很糟糕的事情。我害怕再見到他們，可是沒有想到，他們對這件事情完全不在意，而且樂觀到不可想像的地步。」

「我開始思考自己的錯誤，並且下定決心，要在再進入股票市場以前先學會必要的知識。於是，我結識一位最成功的預測專家——伯頓・卡瑟斯。多年以來，他一直非常成功，而且我知道，可以擁有這樣的事業，不可能只是依靠機會和運氣。」

「他告訴我一個股票交易中最重要的原則：我在市場上購買的股票，都有一個『到此為止』的界線。例如：我以每股五十元的價格購買股票，立刻設定停損點是四十五元。也就是說，如果股票跌到低於買價五元的時候，必須立刻賣掉，就可以把損失限制在五元以內。」

「如果你明智地做出選擇，利潤可能平均在十元、二十五元，甚至五十元。因此，把你的損失限制在五元以後，即使半數以上判斷錯誤，也可以讓你賺到很多錢。」

「我立刻學會這個方法，它為我的客戶和我節省幾千元。」

「後來我發現，『到此為止』的原則在其他方面也適用。我在每件讓人憂慮和煩惱的事情上，加上一個『到此為止』的界線，結果簡直是太好了。」

「我經常和一個不守時的朋友共進午餐，他總是在午餐時間已經過去大半以後到達。我告訴他：『我等待的時間是十分鐘，如果你遲到十分鐘以上，我們的午餐就算取消——就算你來了，也找不到我。』」

「我希望在很多年以前就學會把這種限制用在我的缺乏耐心、我的脾氣、我的自我適應的欲望、我的悔恨、我所有的精神與情感的壓力上。我經常告誡自己：「這件事情只值得擔這麼一點點心，不能再多了。」」

我在三十歲出頭的時候，決定以小說寫作為終生職業，想要成為哈代第二。我充滿信心，在歐洲住了兩年，寫出一本傑作——我把那本書取名為《暴風雪》。這個書名取得很好，因為所有出版社對它的態度，冷得像呼嘯著刮過達科他州平原上的暴風雪一樣。我的經紀人告訴我這部作品不值一文，我沒有寫小說的天賦和才能的時候，我的心跳幾乎停止了。我發現自己站在生命的十字路口上，必須做出一個非常重大的決定。幾個星期之後，我從這種茫然中醒來。當時，我不知道「為你的憂慮畫出到此為止的界線」，但是我做的正是這件事情。我把費盡心血寫那本小說的兩年時間，當作一次寶貴的經驗，然後「到此為止」。我回到組織和教授成人教育班的工作，並且寫一些傳記和非小說類的書籍。

一百年以前的一個夜晚，梭羅用鵝毛筆蘸著自己做的墨水，在日記中寫道：「一件事情的代價，也就是我稱之為生活的總值，需要當場交換，或是在最後付出。」

用另一種方式說：如果我們以生活的一部分來付出代價而付得太多，我們就是傻子。這也正是吉伯特和蘇利文的悲劇。他們知道如何創作歡快的歌詞和歌譜，可是完全不知道如何在生活中尋找快樂；他們創作一些使人們感到高興的歌劇，可是無法控制自己的脾氣。蘇利文為自己的劇院買了一張新的地毯，吉伯特看到帳單的時候大發雷霆。這件事情甚至鬧到法院，從此兩人「老死不相往來」。蘇利文為新作品譜曲以後，就把它們寄給吉伯特，吉伯特填詞以後，再把它們寄給蘇利文。有一次，他們必須一起到舞台上謝幕，兩人站在舞台的兩邊，分別向不同的方向鞠躬，這樣就不會看見對方。他們不懂得在彼此的不愉快中，設定一個「到此為止」的界線，但是林肯可以做到這一點。

美國南北戰爭時期，林肯的一些朋友攻擊他的敵人，林肯說：「你們對私人恩怨的感覺比我更多，也許我的這種感覺太少了，可是我認為這樣很不值得。一個人沒有必要把自己半輩子時間花費在爭吵上。如果那些人不再攻擊我，我也不再記他們的仇。」

我希望伊蒂絲姑媽也有林肯這種寬恕精神。她和法蘭克姑丈住在一個抵押出去的農莊，那裡土質很差，灌溉不良，收成也不好，所以他們的生活過得很艱難，每分錢都要節省。可是，伊蒂絲姑媽喜歡買一些窗簾和其他東西來裝飾家裡，經常向一家雜貨店賒帳。法蘭克姑丈很重視信譽，不願意欠債，所以他悄悄告訴雜貨店老闆，不要再讓他的妻子賒帳，伊蒂絲姑媽聽說以後非常生氣。這件事情至今差不多有五十年，她還在發脾氣。我曾經不止一次聽她說這件事情。最後一次見到她的時候，她已經快要八十歲。我對她說：「伊蒂絲姑媽，法蘭克姑丈這樣羞辱你確實不對。可是難道你不覺得，你已經抱怨半個世紀，這樣比他做的事情更糟糕嗎？」（這句話說了還是等於沒說。）

伊蒂絲姑媽為自己這些不愉快的記憶付出昂貴的代價，付出半個世紀自己內心的平靜。

富蘭克林小時候，犯下一個七十年以來一直沒有忘記的錯誤。七歲的時候，他看中一個哨子。他興奮地跑進玩具店，把所有零錢放在櫃檯上，不問價錢就把哨子買下。七十年以後，他在給朋友的信中寫道：「後來，我跑回家裡，吹著這個哨子，在房間得意地跑著。」他的哥哥和姐姐發現他買哨子多付了錢，都來取笑他，「我生氣得哭了。」

富蘭克林在這個教訓中學到的道理非常簡單：「長大以後，我看到人們許多行為，因此認識到，許多人買哨子都付出很多錢。簡而言之，我確實相信人們的苦難，相當一部分產生於他們對事物的價值做出錯誤的評估，也就是，他們買哨子多付了錢。」

托爾斯泰娶了一個自己深愛的女孩，他們在一起非常快樂。可是，他的妻子嫉妒心很強，經常窺測他的行蹤，他們吵得不可開交。她甚至嫉妒自己的孩子，曾經用槍把女兒的照片打出一個洞。她還在地板上打滾，拿著一瓶鴉片威脅說要自殺，嚇得她的孩子們躲在房間的角落裡尖叫。

如果托爾斯泰跳起來，把家具砸爛，我不會責怪他，因為他有理由這樣生氣。可是他做的事情比這個更壞，他有一本私人日記！這就是他的「哨子」。在日記裡，他努力要讓下一代原諒他，把所有錯誤推到他的妻子身上。他的妻子如何對付他？當然是把他的日記撕毀以後燒掉。她也有一本日記，把所有錯誤推到托爾斯泰身上。她甚至寫了一部小說，書名是《誰的錯？》。在小說裡，她把丈夫描寫成一個破壞家庭的人，她自己是一個犧牲品。

結果，他們把自己唯一的家，變成托爾斯泰自稱的「瘋人院」。這兩個可憐的人，為自己的「哨子」付出巨大的代價。五十年的時間，生活在一個可怕的地獄裡，只是因為他們不懂得說「不要再吵了」；只是因為他們沒有足夠的價值判斷說：「讓我們立刻在這件事情上到此為止。我們是在浪費生命。讓我們現在說『夠了吧！』」

是的，我確實相信這是獲得內心平靜的秘訣之一——擁有正確的價值觀。

所以，在憂慮毀掉你之前，先改掉憂慮的習慣，第五條規則是：

任何時候，我們想要拿錢買東西，或是為生活付出代價，讓我們先停下來，問自己以下三個問題：

（一）我正在憂慮的這件事情，和自己有何關聯？

（二）在這件讓我憂慮的事情上，應該在何處畫出「到此為止」的界線——然後把它全部忘掉。

（三）我到底應該付這個「哨子」多少錢？我付出的是否已經超過它的價值？

不要試圖鋸那些已經鋸碎的木屑

我的院子裡有一些恐龍的足跡——留在頁岩和石頭中的恐龍足跡，它們是我從耶魯大學皮博迪博物館買來的。館長來信介紹，這些足跡是一億八千萬年以前留下的。

即使是白癡，也不會想要改變一億八千萬年以前的足跡，但是人們的憂慮和這種想法一樣愚蠢：因為就算是一百八十秒鐘以前發生的事情，我們也無法回過頭來改變它。我們可以做一些事情來改變一百八十秒鐘以前發生的事情產生的影響，但是無法改變當時發生的事情。

唯一可以使過去的錯誤有價值的方法，就是平靜地分析錯誤，從中吸取教訓——然後把錯誤忘掉。

幾年前，我開辦一家大型成人教育補習班，很多城市設有分部，在管理費和廣告費上花了很多錢。當時，我忙於上課，沒有時間也沒有心情去管理財務，而且我很天真，不知道應該有一個精明的業務經理來安排各項支出。

大約一年以後，我突然發現，雖然我們有很多收入，但是沒有獲得任何利潤。我原本應該立刻做兩件事情：

第一，像黑人科學家喬治·華盛頓·卡弗在失去所有財產以後做的那樣，把這筆損失從頭腦中抹去，然後不再提起。

第二，我應該分析自己的錯誤，並且從中吸取教訓。

可是我什麼也沒有做。相反的，我開始煩惱，幾個月都在恍惚，經常失眠，不僅沒有從中吸取教訓，又犯下一個規模稍小的同類錯誤，真是「教二十個人怎樣做，比自己去做更容易」。

艾倫·桑德斯先生永遠記得他的生理衛生課老師布蘭德溫博士教導他的最有價值的一課。「當時，我只有十幾歲，卻經常為很多事情煩惱，為自己犯下的錯誤自怨自艾。我總是思考自己做過的事情，希望當時沒有那樣做；我總是思考自己說過的話，希望當時把話說得更好。」

「一天早晨，我們走進科學實驗室，發現布蘭德溫老師的桌邊放著一瓶牛奶，不知道和生理衛生課有什麼關係。突然，他把那瓶牛奶打翻在水槽中，同時大聲喊著：『不要為打翻的牛奶而哭泣。』」

「然後，他把我們叫到水槽旁邊，對我們說：『看清楚了，永遠記住這一課。牛奶已經漏光了，無論你如何抱怨，也無法救回一滴。只要稍加思考，並且加以防範，那瓶牛奶就可以保住。可是現在已經太遲了——我們可以做到的，只是把它忘掉，思考下一件事情。』」

「這次表演使我終生難忘。它教導我，只要有可能，就不要打翻牛奶。如果牛奶打翻而漏光的時候，就要徹底忘記這件事情。」

卡內基

人性的優點。

「不要為打翻的牛奶而哭泣」是陳腔濫調，卻是人類智慧的結晶。即使你讀過各個時代的偉大學者寫的關於憂慮的書籍，也不會看到比「船到橋頭自然直」和「不要為打翻的牛奶而哭泣」更有用的陳腔濫調。事實上，只要我們可以利用那些古老的諺語，就可以過著近乎完美的生活。然而，如果不加以利用，知識就不是力量。本書的目的並非告訴你一些新的東西，而是提醒你注意那些你已經知道的事情，鼓勵你把已經學到的那些事情加以應用。

已故的佛瑞德・富勒・斯德，有一種可以把古老的真理用嶄新而生動的方式表達出來的天分。有一次，在大學畢業班演講的時候，他問：「有誰鋸過木頭？請舉手。」大多數學生舉手。他又問：「有誰鋸過木屑？」沒有人舉手。

「當然，你們不可能鋸木屑。」斯德先生說，「過去的事情也是一樣，你開始為那些已經做完和過去的事情憂慮的時候，就是在鋸木屑。」

棒球老將康尼・麥克八十一歲的時候，我問他是否曾經擔心輸掉的比賽。

「我過去經常這樣，可是我發現這樣做對自己完全沒有好處，磨完的粉不能再磨，」他說，「水已經把它們沖到底下。」

傑克・登普西和我共進晚餐的時候，他告訴我，自己把重量級拳王的頭銜輸給吉恩・坦尼的那一仗。

「……第十回合結束了，我雖然還沒有倒下，但是臉已經腫了，而且有很多傷痕，兩隻眼睛幾乎無法睜開……我看見裁判舉起吉恩・坦尼的手，宣布他獲勝……我不再是世界拳王，我在雨中往回走，穿過人群，回到自己的屋裡……」

「一年之後，我再次跟坦尼比賽，結果還是如此，我就這樣永遠完了。想要完全不為此事煩惱確實很困難，可是我對自己說：『我不能生活在過去的陰影裡，我要承受這次打擊，不能讓它把我打倒。』」

於是，他努力忘記失敗，集中精力為未來謀劃。他經營百老匯的登普西餐廳和大北方旅館，安排和宣傳拳擊賽，舉辦有關拳擊賽的展覽會。這樣一來，他沒有時間也沒有心思去為過去擔憂。「我現在的生活，比我做世界拳王的時候更好。」

莎士比亞告訴我們：「聰明的人不會坐著為自己的損失而悲傷，而是會高興地找出方法來彌補創傷。」

我曾經去星星監獄看過，最讓我驚訝的是：那裡的犯人看起來和外面的人一樣快樂。典獄長告訴我，這些罪犯剛去的時候，心懷怨恨而且脾氣很差。可是幾個月以後，大多數比較聰明的人可以忘記自己的不幸，安定下來適應自己的監獄生活。他告訴我，有一個犯人之前在園林裡工作，他在監獄圍牆裡種菜種花的時候，還可以唱歌，因為他知道，流淚是沒有用的。

當然，有錯誤和疏忽是我們的不對。可是，誰沒有犯過錯？拿破崙在他所有重要戰役中也輸過三分之一，也許我們的平均紀錄比拿破崙更少。

何況，即使動用所有國王的人馬，也無法挽回已經逝去的東西。所以，第六條規則是：

不要試圖鋸那些已經鋸碎的木屑。

一第四章一

做自己情緒的主人

How to Stop
Worrying and Start Living
Carnegie

溫和友善更有影響力

如果你發脾氣，對別人說出幾句不中聽的話，會有一種發洩感。但是對方呢？他可以分享你的輕鬆嗎？你挑戰的口氣、敵視的態度，可以使他更容易贊同你嗎？「如果你握緊一雙拳頭來找我，」威爾遜總統說，「我可以保證，我的拳頭會握得更緊。你來我這裡，如果這樣說：『讓我們坐下一起討論，思考彼此意見不同的原因是什麼。』我們就會發現，彼此的意見相距不遠，不同的地方很少，相同的地方很多。你也會發現，只要我們有彼此溝通的耐心和誠意，我們就可以溝通。」

工程師史德伯希望自己的房租可以減少，但是他知道房東很難纏。「我寫了一封信給他，」他在講習班上說，「告訴他，租約期滿，我就要立刻搬出去。事實上，我不想搬出去，如果租金可以減少，我願意繼續住下去，但是看起來不可能，因為其他房客已經試過了，結果都失敗了。他們告訴我，房東很難打交道。但是我對自己說，自己正在學習人際關係的課程，不妨試試，看看是否有效。」

「他收到我的信以後，帶著秘書來找我。我在門口歡迎他，充滿善意和熱忱。剛開始，我沒有談論房租太高，只是強調我很喜歡他的房子。我真是『誠於嘉許，惠於稱讚』。我稱讚他管理有道，表示自己願意再住一年，可是自己實在無法負擔。」

「他顯然從未見過一個房客對他如此熱情，不知道應該怎麼辦。」

「然後，他開始訴苦，抱怨房客。其中有一個房客，曾經寫十四封信給他，有些簡直是侮辱。還有一個房客恐嚇他，除非樓上的人睡覺不打呼，否則就要取消租約。他對我說：『有你這樣滿意的房客，真是太好了！』接著，沒有等我開口，他主動地減少一些租金。我想要再減少一些租金，說出自己可以負擔的數字，他沒有說一句話就接受了。」

「他離開的時候，又轉身問我：『你的房間有沒有需要裝修的地方？』」

「如果我使用其他房客的方法要求減少租金，我相信自己會遭遇到和他們同樣的情形。是友善、讚賞、同情的方法，使我得到這個效果。」

再舉一個例子。這次是一位女士——一位社交界的名人——戴爾夫人，來自長島的花園城，她說：

最近，我請幾個朋友吃午餐，對我來說，這是一個重要的宴會，都可以如意。管家艾米在這類事情上，是我一個得力的助手。可是這一次，他使我失望了。那次午餐的飯菜弄壞了，艾米也沒有到場，只派一個廚師侍者來。這個侍者對高級宴會的情形完全不瞭解，把這次宴會弄得糟透了。我在心裡恨透了，但是在客人面前，只能勉強賠笑，我對自己這樣說：「見到艾米以後，一定不饒他。」

這是星期三的事情，第二天，我聽了關於人際關係學的演講，聽完以後，領悟到責備艾米沒有任何用處。如果事情嚴重，反而使他憤怒和懷恨，以後也無法找他幫忙。我嘗試從他的立場著想：午餐的菜不是他買的，也不是他下廚做的，只怪那個侍者太笨，才會把那次宴會弄糟了，對於艾米來說，他也沒有辦法。或許是我把事情看得太嚴重，不假思索就急於發怒，我決定還是友善地對待他、讚許他、誇獎他，相信這個方法一定非常有效。

第三天，我見到艾米，他顯得憤憤不平，似乎要跟我爭論那件事情。我這樣對他說：「艾米，你知道嗎，我請客的時候，如果有你在多好。你是紐約最能幹的管家，我知道這個情形，那天宴會的菜不是你買回來做的。那天發生的事情，對你來說，也是沒有辦法的。」

艾米聽到這句話，臉上的陰霾完全消失，笑著對我說：「是的，問題就是出在那個廚師侍者身上，那不是我的錯。」

我接著說：「艾米，我準備再舉辦一次宴會，需要你提供意見，你認為我們應該再給那個廚師一次機會嗎？」

艾米點頭說：「當然，請你放心。上次那種情形，一定不會再發生。」

下個星期，我又舉辦一次宴會，艾米提供關於那份菜單的資料給我，我給他一些小費，不再提到之前那次的錯誤。

我們來到席間，桌上擺著兩束美麗的鮮花，艾米親自照顧它們，殷勤地侍候客人。眼前的情形，就算我宴請瑪麗皇后也不過如此。菜餚美味可口，服務周到，四個侍者在旁邊侍候，而不是一個。最後，艾米端上可口的點心作為結束。

散席以後，一位客人笑著問我：「你對那個管家施展什麼法術？我從來沒有見過這樣的殷勤招待。」是的，他說對了，我對艾米的友善和誠懇的讚賞，產生這個效果。

大約在一百年以前，林肯就說過這個道理：「一滴蜂蜜可以比一加侖的膽汁，誘捕到更多的蒼蠅。」我們對別人也是如此，如果要別人同意你的見解，先讓他相信你是他的忠實朋友，就會有一滴蜂蜜，黏住他的心，你就可以走向寬暢而理智的道路。

多年以前，我還是小孩的時候，住在密蘇里州西北部，每天必須赤腳走過一片樹林，到鄉村學校上課。有一天，我讀到一個關於太陽和風的寓言。太陽和風爭論，誰的力量比較大！風說：「我立刻證明給你看。你有沒有看到那個穿著大衣的老人？我可以很快把他的大衣脫下來。那個時候，你就會知道我的力量比較大！」

太陽躲進雲層裡，風立刻吹起來，幾乎成為一股颶風。可是風吹得越淒厲，老人把大衣裹得越緊。

最後，風沉靜下來！接著，太陽從雲層後面出來，對老人和善地笑著，似乎沒有多久，老人擦拭額頭上的汗，把那件大衣脫下來。太陽對風說：「溫柔和友善的力量，永遠勝過憤怒和暴力。」

古老的寓言依舊符合現代的意義。太陽的溫和，使人們脫去外衣；風的冷酷，使人們裹衣取暖。親切、友善、讚美的態度，可以使人們拋棄成見，這是人性的自然流露。

波士頓是美國歷史上文化和教育中心，小時候，我不敢夢想有機會去那裡。證實那個真理的B醫生，在三十年以後，成為我班上的學生，這裡是他在班上說出的情形：

那個時候，波士頓的各家報紙上，幾乎刊滿假藥密醫的廣告，例如：幫人墮胎和密醫的廣告，用駭人聽聞的話恐嚇病人，使他們害怕，主要目的就是騙錢。病人在接受治療以後，任由那些密醫擺布而墮胎，造成很多人死亡，可是這些密醫很少被判罪，他們只要花一些錢，或是用政治的勢力，就可以擺脫這個罪狀。

這個情形日益嚴重，波士頓上流社會的人士群起反對。布道的牧師在講台上痛斥那些刊登汙穢廣告的報紙，祈求上帝可以使那些廣告停止刊登。公民團體、商界人士、婦女團體、教會、青年團體也加以斥責，可是無濟於事。州議會中，也有激烈的爭辯，要使這種無恥的廣告成為非法的，可是對方有政治勢力的背景，沒有產生任何效果。

當時，B醫生是一個基督教團體的主席，他試用所有方法，但是都失敗了，對付這種醫藥界敗類的運動，就要毫無希望了……

有一天晚上，時間已經很晚了，B醫生想著那件事情還沒有休息。終於，他想出一個所有人沒有想到的方法——用友善、同情、讚賞的方法，使報社停止刊登那些廣告。

B醫生寫一封信給波士頓銷路最好的一家報社，對那家報社讚譽有加，認為那份報紙的新聞翔實，尤其報紙上那篇社論，更是令人矚目，是一份最好的家庭報紙。他在信上又這樣表示——那份報紙是全州最好的報紙，也是全美國最完美的新聞讀物。但是他接著說：

可是，我有一個朋友，他告訴我，他有一個年輕的女兒。有一天晚上，他的女兒朗誦你們報紙上一個廣告，那是一個幫人墮胎的廣告。他的女兒不瞭解這個廣告的含義，詢問父親那些字句的意思。我的朋友被自己的女兒問得窘迫至極，不知道如何向這個純潔天真的女兒解釋。

「你們那份報紙，在波士頓高尚的家庭中，是一份受歡迎的讀物。在我的朋友家庭發生的情形，是否也會在其他家庭發生？如果你有一個純潔天真的女兒，是不是願意她看到那些廣告？你的女兒向你提到同樣的問題，你又應該如何解釋？」

「這份報紙在每個方面都很完美，由於有這類情形的存在，經常使父母必須禁止孩子閱讀這份報紙。對於這一點，我感到十分惋惜，其他上萬的讀者，相信也會有同樣的想法。」

兩天以後，這家報社的發行人回信給B醫生，這封信上的日期是一九〇四年十月十三日，他保存三十多年，他是我的學生的時候，他把那封信拿給我看。這封信的內容是：

本月十一日，本報編輯交來你的信，閱讀之餘，非常感激。這是多年以來本報延宕至今，一直未能實施的一件事情。

下個星期一開始，本報所有報導中，將會刪除所有讀者反對的廣告。至於暫時無法停止的醫藥廣告，經由編輯謹慎處理以後，始行刊登，以不引起讀者反感為原則。

感謝你關切的來信，使我獲益良多。

溫和友善的方式比任何暴力更容易改變別人的心意。因此，想要做自己情緒的主人，第一條規則是：

溫和友善更有影響力。

把憤怒掌握在自己手中

有些人很容易生氣，稍微不如意，就會火冒三丈。發怒的時候，容易失去理智，輕則出言不遜，影響人際關係；重則傷人毀物，造成難以挽回的損失。

憤怒是一種常見的消極情緒，是人們對客觀現實的某些方面不滿，或是自己的意願受到阻礙的時候產生的緊張狀態。憤怒的程度會因為誘發原因和個人氣質不同而有許多層次，例如：不滿、生氣、憤怒、惱怒、大怒、暴怒。憤怒是一種短暫的緊張狀態，但是在短時間內會有強烈的緊張情緒和行為反應。

容易發怒的人，主要與其個性特點有關，屬於氣質類型中的膽汁質。膽汁質的人，直率熱情，容易衝動，情緒變化快，個性急躁。容易發怒也與年齡有關，年輕人情緒衝動而不穩定，自我控制力差，比成年人更容易發怒。

憤怒的情緒，對人們的健康不利。憤怒的時候，交感神經興奮，心跳加快，血壓上升，呼吸急促，所以經常發怒的人容易罹患高血壓和心臟病。憤怒會使人們缺乏食欲，消化不良，導致消化系統疾病。對於已經有疾病的患者，憤怒會使病情加重，甚至導致死亡。這一點，古人早有認識，例如：中醫認為「怒傷肝」、「氣大傷神」。

有時候，我們確實難免會生氣，但是很少有人知道應該如何處理這種情緒。為了瞭解其中的原因，也為了探究憤怒產生的緣由，讓我們來看看一些可能伴隨憤怒而來的情緒。

自以為是

我們對某件事情感到憤怒的時候，容易相信自己是對的，別人是錯的。在這種情況下，可以先問自己，事實真的是如此嗎？如果我們還是深信不疑，選擇表達自己的憤怒，就會表現出得理不饒人的樣子。我們可以捫心自問，想要給對方一點顏色瞧瞧嗎？如果你有這種感覺，可能是你過於重視自己，或是認為別人的行為與自己有利害關係，而非只是別人的因素。

自尊心受到傷害

關於這個方面的應對之道，已經多所論及。事實上，如果我們覺得自尊心受到傷害，就會把事情看得過於個人化，認為別人的行為是針對自己的攻擊和侮辱，即使他們並非存心如此。

喜歡做出結論

此項與前兩項，尤其是「自以為是」，有相當密切的關係。某人做出我們無法認同的事情，因此「他一定是錯的」。如果你喜歡做出結論，你的思考一定傾向於這種方式：「他是一個愚蠢至極的人」。

如果我們有這種想法和感覺，就會在與別人談話的時候表現出來。畢竟，很少人會直接表達自己憤怒的原因。

憤怒是一種具有毀滅力量的情緒，不僅會摧毀我們的健康，還會擾亂我們的思考，給我們的工作和事業帶來不良影響。憤怒對我們的生活有害無益，我們應該如何控制自己的憤怒？首先，可以透過意志力控制憤怒，減少憤怒情緒。憤怒的時候，思考失去理智可能引起的不良後果，不斷提醒自己「不要發怒」，努力控制自己的情緒，就可以產生控制憤怒的作用。

其次，可以主動釋放憤怒情緒，向朋友傾訴自己的不滿，從朋友那裡得到安慰，可以舒緩自己的怒氣；也可以在工作和學習中，向使自己憤怒的人說明自己的不滿，使衝突得以調和，不滿得以消除。

此外，可以避免接觸使自己發怒的環境，減少憤怒情緒，或是在即將發怒的時候，透過轉移注意力而減輕憤怒，離開當時的環境，避免進一步的刺激，使憤怒情緒消退。發怒的時候，可以看電影、逛街、聽音樂、散步，使注意力轉向其他與憤怒無關的活動中，新的活動內容激發新的情緒，可以使憤怒的程度降低。

具體而言，我們可以採取以下的方法來控制自己的憤怒：

正面行動

憤怒提醒我們，世事並非如人所願。不滿是一件具有正面意義的事情，如果缺少它，人們只會接受現狀，不會為了達成目標而採取行動。

紓解壓力

表達憤怒可以紓解壓力，壓抑情緒可能會導致焦慮，甚至疾病，這些症狀可以藉由宣洩憤怒得到紓解。然而這不表示，我們必須將憤怒直接發洩在生氣的對象身上。

開誠布公

憤怒可以使雙方關係開誠布公，進而互相信任。如果你知道某人願意和你談論核心問題，而非只是將其含糊帶過，假裝好像不存在，崇敬之情就會油然而生。

情感疏通

如果我們在情緒產生的時候，可以確實觸及自己的感受（包括憤怒在內），並且加以適當處理，就可以避免巨大的內在壓力，或是嚴重的溝通不良。

實現目標

不容忽略的是，存在憤怒情緒中的能量，也是一股實現目標的動力。如果運用得當，可以幫助我們成為一個有自信的人，可以確實表達自己的感受，並且得到自己夢寐以求的事物，但是必須謹慎處理。

所以，想要做自己情緒的主人，第二條規則是：

把憤怒掌握在自己手中。

戰勝悲傷，保持積極心態

你為什麼總是失敗？無數次的失敗將你推入黑暗的世界，無法享受成功的陽光，你是否曾經想過，是誰擋住你的陽光？

每一種心態，都是每個人對人生的不同看法。在現實生活中，每個人都會遭遇一些打擊和挫折：因為考試落榜而精神萎靡，因為失戀而痛苦，因為無法適應工作而失去鬥志？這些心理多半是人們意志薄弱的表現。這些異常的心理和悲觀的態度，經常會導致痛苦的人生，影響自己對環境的正確看法。悲觀的人是以消極想法看待客觀世界，在他們的心目中，現實是或多或少被醜化的。許多人對未來和生活，經常抱持消極想法，對自己的過去，無論是否輝煌，一概加以否定，心理上充滿自責與痛苦；對未來缺乏信心，認為自己一無是處，否定自己的優勢與能力，無限放大自己的缺陷。

戴高樂曾經說：「困難，特別吸引堅強的人。因為只有在擁抱困難的時候，他們才會真正認識自己。」這句話一點也沒錯。有時候，我們需要把困難當作機會。

你自己努力過嗎？你願意發揮自己的能力嗎？對於自己遭遇的困難，你願意努力去嘗試，而且不止一次地嘗試嗎？只嘗試一次絕對不夠，需要嘗試許多次。這樣一來，你會發現自己心中蘊藏巨大能量。許多人不幸失敗，只是因為沒有竭盡所能去嘗試，這些努力正是成功的必備條件。仔細查看列出的失敗清單，看看自己是否已經竭盡所能。如果答案是否定的，嘗試克服困難的第二個重要步驟，就是學會真正思考，認真積極地思考。積極思考的力量是驚人的，我們可以用積極思考來解決任何問題。

有一個十四歲的男孩，在報紙上看到徵人啟事，正好是適合自己的工作。第二天早上，他準時前往應徵地點，發現已經有二十個人在排隊。

如果換成另一個意志薄弱的男孩，可能會因此而退縮。

但是，這個男孩跟別人完全不同。他認真地思考，看看是否有解決方法。於是，一個絕妙方法產生了！

他拿出一張紙，寫了幾行字，然後走出隊伍，並且要求後面的人為他保留位置。他走到負責應徵的秘書面前，很有禮貌地說：「小姐，請你把這張紙條交給老闆。這件事情很重要，謝謝你！」

這個秘書對他的印象很深刻，因為他看起來神情愉悅，文質彬彬。如果是別人，她可能不會放在心上，但是這個男孩不一樣，他有一股強烈的吸引力，令人難以忘記，所以她將這張紙條交給老闆。

老闆打開紙條，看了以後交還給秘書。她也看了紙條上的字，同樣笑了起來，上面是這樣寫的：

「先生，我是排在第二十一號的男孩，請不要在見我之前做出任何決定。」

你想，他會得到這份工作嗎？你認為呢？像他這樣會思考的男孩，無論到什麼地方都會有所作為。雖然他年紀很輕，但是他知道認真思考。他已經有能力在短時間內抓住問題核心，然後全力解決它，並且盡力做好。實際上，你也會遇到很多諸如此類的問題。遇到問題的時候，如果認真進行思考，更容易找到解決方法。

想要克服失敗的思維方式，學會積極思考非常關鍵。我們必須調整心態，直到否定思維轉變成肯定思維為止。

讓每天都有一個愉快的開始，一天之中所有的事情都會變好。

所以，想要做自己情緒的主人，第三條規則是：

戰勝悲傷，保持積極心態。

瞭解並且喜歡自己

史邁利・布蘭登在一本書中寫道：「適當程度的『自愛』對每個正常人來說，是很健康的表現。為了從事工作或是達到目標，適度關心自己是絕對必要的。」

布蘭登醫師說得很對。想要活得健康而成熟，「喜歡自己」是必要條件之一。然而，這是表示「充滿私欲」的自我滿足嗎？不是的。這應該是表示清醒而實際的「自我接受」，並且伴以自我重視和人性的尊嚴。

心理學家馬斯洛在其著作《動機與人格》中，也曾經提到「自我接受」。他如此寫道：「新近心理學上的主要概念是：自發性、解除束縛、自然、自我接受、敏感和滿足。」

一個成熟的人，不會躺在床上比較自己和別人不同的地方。有時候，他可能會批評自己的表現，或是察覺到自己的過錯，但是他知道自己的目標和動機是對的，仍然願意繼續克服自己的弱點，而不是自悔自歎。

一個成熟的人，會適度地忍耐自己，就像他適度地忍耐別人一樣，不會因為自己的弱點而感到活得很痛苦。

喜歡自己，是否會像喜歡別人一樣重要？我們可以這樣說：憎恨每件事情的人，只是顯示他們的沮喪和自我厭惡。

哥倫比亞大學教育學院的亞瑟・賈西教授認為：教育應該幫助兒童和成人瞭解自己，並且培養健康的自我接受態度。他在其著作《面對自我的教師》中指出：教師的生活和工作充滿辛苦、滿足、希望、心痛，因此「自我接受」對每位教師來說，是同等重要的。

今日，美國醫院裡的病床有半數以上被情緒或是精神出現問題的人佔據。根據報導，這些病人都不喜歡自己，無法與自己和諧地相處。

我不想在此處分析導致這種情況的各種因素。我只是認為，在這個充滿競爭的社會，我們經常以物質上的成就來衡量別人的價值。再加上名利的追求、枯燥乏味的工作，使我們的靈魂容易生病。我也相信，缺乏有力而持續的宗教信念，更是人們精神迷亂的重要因素。

哈佛大學的懷特教授在《進步的生活：性格自然成長的研究》中，談到目前社會很流行的一種觀念：人們應該調整自己去適應環境。懷特教授做出反駁：「這種觀念認為一個人的理想狀態就是可以成功地壓抑自己以適應狹窄的生活方式，不考慮這樣做的結果是使人們失去個性和目標，影響人們創造與發展的潛能。」

我非常贊同懷特教授的觀點，很少人有勇氣特立獨行或是面對真實處境。我們在行動之前，就被社會文化和經濟觀念限制。從吃飯穿著到生活方式，我們和鄰居如此相似。如果我們某個行為與這種環境相異的時候，就會變得精神緊張或是神經過敏，甚至厭惡自己。

我認識的一位女性，嫁給一個野心勃勃、獨斷專行的政治家，於是他們的社交圈——就是所謂的名流圈，裡面充滿以社會地位和金錢數量來衡量別人的標準。這位女性溫柔賢淑，具有謙虛的性格。在這種環境中，她的優點全部被別人認為的缺點取代。她越來越自卑，甚至討厭自己。

在我看來，這個女人的問題不是在於她無法適應環境，而是在於她無法適應自己和接受自己。她沒有徹底明白：一個人只能按照自己的性格而不是按照別人的性格來行事。

她要做的第一件事情，就是不要用別人的標準來衡量自己。她必須建立自己的價值觀，然後自信地生活，並且善於和自己相處，消除厭惡自己的情緒。

誇大自己錯誤的程度和範圍，是討厭自己的人經常做的事情。適當的自我批評，有利於我們的成長，但是演變為一種強迫性的觀念，就會使我們變得癱瘓，無法聚集力量去做事。

班上有一位女學生，她說：「我總是感到膽怯和自卑。想到自己的缺點，我就會非常沮喪，無法自如地說話。」

人性的優點。

每個人都有自己的缺點，但是問題不是在於你有多少缺點，而是在於你有多少優點。決定一件藝術品的最終因素不是缺點。莎士比亞的作品中，充滿歷史和地理的基本常識的錯誤，狄更斯在小說中渲染傷感的氣氛。但是誰會計較？缺點沒有妨礙他們成為一流的文學大師，因為優點才是最終的決定因素。我們在交朋友的時候，也會發現對方的缺點，然而我們還是和他們交往，是因為我們喜歡他們的優點。

自我完善的實現，依賴於對優點的發揮，而不是關注自己的缺點。想要喜歡自己和接受自己，首先必須挖掘自己對缺點的包容之心。包容不表示我們要降低對自己的要求，然後躺在床上睡覺，而是明白人無完人。要求別人完美是不公平的，要求自己完美是極端的苛求。

我認識的一個女人，是一個絕對的完美主義者，她要求自己做任何事情都沒有疏漏。但是在別人眼裡，她是一個失敗的人。一個簡單的報告，她需要花費幾個小時，耽誤自己和別人的時間；她不接待臨時來訪的客人，因為她沒有任何準備……她絞盡腦汁追求完美。事實上，她確實做到一種形式上的完美，代價是毀掉生活中的自然和樂趣。其實，她追求的完美並非完美本身，而是想要超越別人，因為她不想自己和別人在同一個天平上。所以，她做事不是出於發揮自己的才能，她無法享受工作和生活的樂趣，只是為了超越別人。

強迫性的對完美的追求如果不成功，就會變得討厭自己，甚至憎恨自己。

我們不能隨時處於特別認真的狀態中，學會喜歡自己的前提之一，就是偶爾放慢行進的腳步來欣賞自己。

馬里蘭州精神病學協會的董事巴蒂梅爾說：「過去的人習慣在睡覺以前回想當天的行為，並且進行反省。現在的人好像已經很少用，實際上，這仍然是一個有效的方法。」

除非我們可以與自己相處，否則無法期待別人會願意與我們相處。哈里・福斯迪克曾經觀察那些無法獨處的人，形容他們好像「被風吹皺的池水一樣，無法反映美麗的風景」。

獨處可以使我們發現內在的休息港口，可以有參照的對象，是我們與外界接觸的基礎。安妮・林白在其著作《來自海洋的禮物》中曾經說：「我們只有在與自己內心溝通的時候，才可以與別人溝通。對我來說，我的內心就像幽靜的泉水，只有在獨處的時候，才可以發現它的美麗。」

獨處可以使我們更客觀地透視自己的生命。《聖經》的詩篇中，有一句忠告：「你們要安靜，要知道我是神。」這句話至今仍然是忠告。獨處對我們的靈魂很有幫助，就像新鮮空氣對我們的身體很有幫助一樣。

假如我們要依賴別人才可以得到快樂與滿足，就會為別人增添負擔，並且影響彼此之間的關係。要喜歡自己、尊重自己、欣賞自己，這樣可以培養健康成熟的個性，也可以增進與別人相處的能力。

所以，想要做自己情緒的主人，第四條規則是：

瞭解並且喜歡自己。

一第五章一

有夢想的人生更精彩

激揚的人生，需要夢想的支持

無法抱持正確目標而奮鬥的人，就像意志消沉的兒童一樣，不知道自己要的是什麼，總是茫然地噘著嘴。

行動會影響人生。確定自己的人生目標，無論對生活或是對行動，都是至關重要的。

在生活中，很多人缺乏明確的目標，他們就像地球儀上的螞蟻，看起來很努力，總是不斷地在爬，但是永遠找不到終點。同樣的，在生活中沒有目標，活動沒有焦點，也會使自己白費力氣，無法得到任何成就與滿足。

沒有目標的活動就像夢遊，沒有目標的生活只是幻象。許多人把一些沒有計劃的活動當作人生的方向，即使花費九牛二虎之力，由於沒有明確的目標，最後還是無法抵達終點。想要爬上人生的高峰，必須要有實際行動，但是首先要確定自己的目標。如果沒有明確的目標，人生的高峰只是空中樓閣，可望而不可即。想要使自己的生活有所突破，首先要確定自己的目標。確定自己的目標以後，人生之旅才會有方向、有進步、有終點、有滿足。

設定明確的目標，是所有成就的出發點。很多人不幸失敗，就是在於沒有設定明確的目標，而且從來沒有踏出自己的第一步。

研究那些已經獲得成功的人物，你會發現，他們都有明確的目標，都有達到目標的計畫，並且花費心思以實現自己的目標。

社會具有強大的同化作用，使得許多人背離人生的真諦，失去真情和本性。只有我們真正想要的，才可以使我們得到滿足。放棄自己的願望和需要，我們就會變得麻木不仁，對任何事情無動於衷。

如果我們有明確的目標，就會為了實現它而發揮潛能，人生的光輝由此粲然可見。為什麼？在為實現目標而奮鬥的過程中，人生的樂趣昭然若揭，生活就會精力充沛，自己的潛能也會得到發揮。經常有意識地創造這樣的情勢，使人生更成功、更豐富，而且充滿樂趣，就是「目標催化作用」。

一九五二年的《生活》雜誌，曾經登載約翰・戈達德的故事。

戈達德十五歲的時候，偶然地聽到年邁的祖母非常感慨地說：「如果我年輕的時候可以多嘗試一些事情就好了。」

戈達德受到巨大震撼，不想讓自己像祖母一樣，有無法挽回的遺憾。於是，他立刻坐下來，詳細列出自己這一生要做的事情，並且稱之為「約翰・戈達德的夢想清單」。

他總共寫下一百二十七個明確的目標，其中包括十條要探險的河流、十七座要征服的高山。他甚至至要

卡內基
人性的優點。

走遍世界上每個國家，還要學會開飛機和騎馬。

他想要讀完《聖經》，讀完柏拉圖、亞里斯多德、狄更斯、莎士比亞等十多位學者的經典著作。他的夢想中，還要乘坐潛水艇、彈鋼琴、讀完《大英百科全書》。當然，還有一個重要的目標：結婚生子。

他每天都會看著這份「夢想清單」，把這份清單記在心裡，並且倒背如流。

戈達德的這些目標，即使在半個多世紀以後的今天看來，仍然是不可企及的，但是他究竟完成得怎麼樣？

在戈達德去世的時候，他已經環遊世界四次，實現一百二十七個目標中的一百零三個。他以一生設想並且完成的目標，述說他人生的精彩和成就，並且照亮這個世界。

我曾經有一隻名叫「花生」的混血小狗，牠活潑、聰明、可愛，是我們家的開心果。有一天，兒子要我和他一起為「花生」蓋一間狗屋，於是我們立刻動手，很快就把狗屋蓋好了。但是由於手藝太差，狗屋蓋得很糟糕。

狗屋蓋好以後不久，有一個朋友來訪，他忍不住問我：「樹林裡那個怪物是什麼？難道是狗屋嗎？」

我說：「是的，那是一間狗屋。」

朋友指出狗屋的一些問題，又說：「你為什麼不事先計畫？現在蓋狗屋都要依照藍圖來做。」

不知道你可以從這個狗屋的故事中學到什麼。

沒有目標的活動就像夢遊，沒有目標的生活只是幻象。許多人把一些沒有計劃的活動當作人生的方向，即使花費九牛二虎之力，由於沒有明確的目標，最後還是無法抵達終點。就像我蓋的狗屋一樣，只會被別人視為怪物。

一個大學生經常在報紙上發表作品，他從事新聞工作的天分很高，有從事新聞工作的潛力，但是他在畢業的時候，沒有選擇從事新聞工作。他覺得新聞工作就是報導一些瑣碎的事情，因此不願意去做。可是五年以後，他懊悔地說：「老實說，我現在的待遇很好，公司也有前途，工作又有保障，但是我心不在焉，後悔畢業以後沒有從事新聞工作。」

從這個大學生的身上，我們可以看出，他對自己的工作感到不滿，對自己的工作產生厭惡情緒。他不可能獲得成功，除非立刻辭職，從事新聞工作。

如果他當初在新聞工作上制定明確的目標，或許已經在這個方面有所成就。

他失敗的根本原因是：沒有及早制定明確的目標。有目標才會成功，目標是我們期望的成就與事業的真正動力。

威廉・馬斯頓是一位非常傑出的心理學家，曾經詢問三千個人：「你為什麼而活著？」結果顯示，九四%的人說自己沒有明確的生活目標。正如一句諺語所說：「每個人都會死，但是並非每個人都是真正地活著。」馬斯頓的調查也證實這一點。許多人忍耐、等待、徬徨於生活的真諦，期望自己的人生目標在某個神靈的激發下瞬間降臨。同時，他們只是在生存著，重複生活的機械動作，從未感受過生命的閃光。

他們看著自己的生命之光迅速飛逝，變得越來越恐懼，害怕自己還沒有體會到真正的喜悅和生命的內涵，就走到人生的盡頭。

從發現目標到擁有目標，這是一個過程，這個過程不是一夜之間就可以完成，需要反省和耐心——這兩種品格對多數人來說很難做到。唯此，就像為自己的靈魂注入新的活力，頓時產生安定的感覺。

確定自己的目標，也會對你產生同樣的效果！以下的練習是我在尋找目標的時候確立的步驟，不妨試試，看看效果如何。

取出一張白紙，寫下「我希望給別人留下什麼印象」。列出自己希望讓朋友、配偶、孩子、合作夥伴、團體記住的品格、行為、特徵。

如果你與其他團體有特殊關係，例如：教堂、俱樂部、球隊，把他們也列入表中。在列表的過程中，你會逐漸發現自己真正的價值和生活意義的泉源。

例如，你可以這樣寫（如果你是一位女性）：我希望我的丈夫認為我是非常可愛的妻子，是永遠相信他、鼓勵他擴展自己可能的追求、使他的生命發揮最大潛能的伴侶。我希望我的兒子認為我是深愛他和相信他的母親，我可以幫助他認識到，只要他下定決心去做某件事情，就可以做出巨大的貢獻，成就自己的夢想。

寫完之後，再回顧自己生活中的其他人，一個可以表現自己價值的清晰模式就會逐漸顯現出來。此時，你也會知道自己的目標，動力也會自然產生。

確定自己的目標以後，就可以從現在從事的工作中解脫出來，全心追求自己選擇的道路。在這個過程中，你會感受到許多愉悅和滿足。

美國著名的詩人佛洛斯特第一次接觸到雪萊的作品，深受觸動：「啊！這個東西正是我所要的。」他覺得自己與雪萊的作品一見鍾情，以至於心心相印。他不僅找到指定的讀物，也找到圖書館中收藏的所有英國詩集。讀了雪萊和濟慈等人的作品之後，他突然覺得：詩，才是自己選擇的目標。從此以後，他邁向詩壇，發表作品以後，一發不可收拾。

許多人都知道，優秀的企業和組織都有十～十五年的長期目標。我們也要從這樣的企業規劃與發展策略中得到某種成功的啟示，那就是：計畫十年以後的事情。如果你希望十年以後變成什麼樣，現在就要變成什麼樣。

「目標絕對重要，它可以調動我們的積極性，而且維持我們的人生。」你應該現在就開始制定目標，為自己的未來規劃方向。思想家羅伯特・梅傑說：「如果你沒有明確的目的地，很可能會走到不想去的地方。」

我開設的成人教育班上有一個學生，為自己制定一個未來的工作與生活的目標。從他的目標中，你可以感覺到，他已經看到未來生活的影子，或許我們可以從中受到某種啟示！

「我希望有一棟鄉下別墅，房屋是白色圓柱構成的兩層樓建築。旁邊的土地用籬笆圍起來，或許還有幾個魚池，因為我和妻子都喜歡釣魚。房子後面還要蓋一間都貝爾曼式的狗屋。我還要一條彎曲的車道，兩邊樹木林立。」

「為了使我們的房子不僅是一個可以吃住的地方，我還要做一些有價值的事情——絕對不會背棄我們的信仰，盡量參加教會活動。」

「十年以後，我會有足夠的金錢讓家人坐船環遊世界，這個計畫要在孩子結婚以前及早實現。如果沒有時間，就分成五次，進行短期旅行，每年到不同的地方遊覽。」

「當然，這些計畫要看我的工作是否成功才可以決定，所以要實現這些計畫，必須加倍努力。」

這些計畫是五年以前制定的。當時，他有兩家「一元專賣店」，現在已經有五家，而且已經買下十七英畝的土地準備建造別墅，他確實在逐步實現自己的目標。

對於你來說，你的過去和現在是什麼樣不重要，你想要獲得什麼成就才是最重要的。必須對自己的未來懷有偉大的理想，否則無法獲得成功，甚至還會一事無成。

渴望透過自己的奮鬥走向成功的人，不容迴避目標定位的課題。我們應該為自己設定一個目標，一個不達目的誓不甘休的目標。

讓我們為自己尋找一個夢想，設定一個目標，因為——激揚的人生，需要夢想的支持！

有目標的人生更精彩

每個奮鬥成功的人，都會面臨選擇方向和確定目標的問題。就像空氣和陽光之於生命一樣，人生無法離開目標的引導。

有目標，才會下定決心攻佔事業高峰。沒有目標，就不會採取實際的行動，自然與成功無緣。只要選擇適合自己的道路，並且不顧一切地走下去，就可以走向成功。目標，是所有行動的前提。事業有成，是目標的贈與。設定自己的目標，才可以充分利用自己的時間，尋找適當的機會，向既定目標發動攻擊。那些目標如一的人，可以拋除所有雜念，聚積自己的所有力量，全力以赴向目標挺進。

如果我們具有使命感，或是頭腦保持清醒，就不能把人生之船長期停泊在某個港灣，應該重新揚起船帆，駛向生活的驚濤駭浪中，領略其間的無限風光。我們不僅要戰勝失敗，還要超越勝利。只有目標始終如一，才可以擁有無限的力量。

有目標，就會產生巨大的力量，將自己與事業「融合」為一體。

有目標，可以給我們生存的勇氣，可以在艱難困苦之際，賦予我們堅韌不拔的毅力。一個有目標的人，很少有挫折感，因為比起偉大的目標來說，人生旅途中的波折微不足道。

目標，可以喚醒人們，可以激勵人們，可以塑造人們，目標的力量難以估量。一個有目標的人，生活必然充實有勁，不會因為無所事事而浪費時間。目標可以使我們不沉湎於現狀，激勵我們不斷進取，引導我們開發自身的潛能，摘取成功之冠。

有目標，內心的力量才可以找到歸宿。漫無目標的漂蕩，終究會迷路。這樣一來，即使擁有一座無價的金礦，卻因為沒有開採的動力，只能等同於平凡的塵土。

美國著名的石油大王洛克菲勒在他的自傳中，曾經提出一個有趣的想法：如果把全世界所有的現金和產業全部混合在一起，平均分給每個人，讓每個人擁有的財富一樣多，經過半個小時之後，這些財富均等的人們，他們的經濟狀況就會有明顯的改變。

有些人已經失去分到的那一份，有些人因為豪賭而輸光，有些人因為盲目投資而一文不名，有些人因為受到欺騙而迅速破產，於是財富分配又重新開始，有些人的錢會減少，有些人的錢會增加，這種情形會隨著時間的延長而變得差距更大。經過三個月之後，貧富懸殊的情況將會變得十分驚人。

洛克菲勒充滿自信地說：「我敢打賭，再經過兩年時間，全世界財富的分配情況會和以前沒有任何區別。有錢的人仍然是那些人，以前貧困的人依然貧困。」

洛克菲勒把這種現象的原因歸結於人們的目標不同。他說：「這是命運也好，是機會使然或是自然法則也好。總之，有些人的目標與行動，會使自己比其他人受到的尊敬更多，他們擁有的財富也會更多。」

奮鬥者想要成功，最重要的因素是選擇目標，並且做出抉擇。同為有目標的人，有些人獲得成功，有些人沒有成功；有些人大成功，有些人小成功。其實，與目標的「大小」有很大的關係。

大目標使人們的生活是做事業，小目標使人們的生活是過日子。古希臘哲學家亞里斯多德尖刻地區分兩種人的行為——「吃飯是為了活著」和「活著是為了吃飯」。

人生的精彩，來自於目標的精彩。一個人的人生之所以精彩，就是在於他有精彩的目標。所謂精彩的目標，就是在更大的範圍內解決更多的問題，在更大的空間裡產生更多的影響。目標越精彩，要解決的問題就會越多，必須擁有許多知識和技能，有時候甚至要做出一些犧牲。在這個過程中，會逐漸獲得超乎常人的知識和技能，變得胸懷寬廣、大公無私，也會取得超越常人的成就，人生就會更絢麗多彩。

「Q世界」農產品公司的董事長霍華德·馬古勒斯是美國加州的農民，他的成就是制定自己精彩的人生目標，並且努力達到目標。

多年以來，農產品市場的繁榮與蕭條幾乎無法進行任何預估和控制，時而熱火朝天，時而寒若冰霜，所有人都認為這是靠天吃飯的行業。

馬古勒斯從來不這樣認為，他為自己制定一個精彩的目標：改良一個新穎獨特的品種，用來影響消費者的購買行為。他認為：這個行業和其他行業沒有任何區別，市場處於低谷的時候，除非有自己獨特的產品，否則就會被淘汰。

農產品市場也是這個道理，如果也像別人一樣種植蘿蔔，只有市場上供小於求的時候，才有可能獲利。我們的目標就是要調整市場，依靠自己的獨特性打開市場，創造更多的機會。

馬古勒斯想到改良甜椒。是的，就是改良甜椒。如果可以改良一個比其他的甜椒風味更獨特的品種，馬古勒斯深信，無論零售市場如何，商店還是會喜歡這種風味獨特的甜椒。

於是，馬古勒斯研發出一種「皇家紅椒」。這種長形葉式的甜椒，上市以後大獲好評，人們吃過以後，就會繼續購買它。

馬古勒斯用自己的目標，為人生抹上精彩的一筆。

已經養成制定精彩目標的習慣以後，就會與過去判若兩人。或許你已經制定許多目標，並且將它們付諸實踐。這個時候，可以回頭看自己走過的道路，你會驚訝地發現，即使距離偉大的目標還有一段距離，但是自己不再是平凡無奇。你必須明白，這就是制定精彩目標並且付諸行動的威力。

目標偉大，可以給我們帶來創造性的火花，使我們有可能取得成就。正如約翰・查普曼所說：「世人歷來最敬仰的是目標偉大的人，其他人無法與他們相比……貝多芬的交響樂、達文西的《蒙娜麗莎的微笑》、莎士比亞的戲劇，以及人們贊同的任何人類精神產品……你熱愛他們，是因為這些東西不是做出來的，而是由他們創造性地發現的。」

對於那些奧運金牌的得主來說，他們的成功不僅依靠他們的運動技術，也依靠他們的偉大目標。商界領袖同樣，政界精英亦然，偉大的目標是推動人們前進的夢想。

有一位醫生，對活到百歲以上的老人擁有的共同特點進行研究。他請一些人思考，什麼是這些百歲老人的共同特點。大多數人以為醫生會列舉飲食、運動、節制菸酒，以及其他會影響健康的事物。然而，令人們驚訝的是，醫生告訴他們，這些百歲老人在飲食和運動方面沒有共同特點，他們的共同特點是對待未來的態度。

制定人生目標，未必可以使你活到一百歲，但是可以增加你成功的機會。人生如果沒有目標，就會一事無成。正如貿易鉅子詹姆斯・潘尼所說：「給我一個心中有目標的員工，我可以使他成為創造歷史的人；給我一個心中沒有目標的人，我只能給你一個平凡的員工。」

目標具有神奇的推動力，如果我們覺得自己的目標不重要，為了達到目標而付出的努力就會沒有任何價值。如果我們覺得自己的目標很重要，情況就會完全相反。為什麼我們必須把目標建立在自己的理想上？這就是原因之一。如果你的許多目標組合成自己珍視的理想，你會覺得為之付出的努力很有價值。

同樣的，目標對於一個團體來說不可缺少，對於團體裡的每個成員非常重要。有些企業運作欠佳，最常見的問題是：員工缺乏熱情。他們終日兢兢業業，除了完成自己的工作以外，沒有明確的目標。目標可以使員工的想法更具體化，更容易實現。

奮鬥者如果有目標，就可以主動出擊，而不是亡羊補牢。他們可以事前謀劃，而不是等待別人的指示，他們不允許別人操縱自己的工作過程。無法事前謀劃的人，不會取得任何成功。《聖經》中的諾亞，沒有等到下雨以後才建造自己的方舟。

還是道格拉斯・勒頓說得好：「決定人生追求什麼之後，就是做出人生最重大的選擇。目標使人們產生事前謀劃的動力，目標使人們把要完成的任務分解成可行的步驟。」正如富蘭克林在自傳中所說：「我總是認為，一個能力普通的人，如果有一個好計畫，就會有所作為，為人類做出巨大貢獻。」

我們在現實中透過努力，實現自己的目標。正如希萊爾・貝洛克所說：「為將來做夢或是為過去後悔的時候，你唯一擁有的現在，卻從你的手中溜走了。」

雖然目標是朝向將來的，等待將來實現，但是目標可以使我們把握現在。

為什麼？因為每個偉大目標的實現，都是幾個目標實現的結果。所以，如果我們集中精力於自己的工作，瞭解自己現在的努力都是為實現將來的目標鋪路，就可以獲得成功。

想要達成自己的願望，首先要知道自己的願望是什麼。有理想，就會知道自己想要取得什麼成就。有目標，就會產生勇往直前的衝勁，你的目標可以使你取得超越自己能力的成就。有精彩的目標，才會有偉大的成就，你的人生才會精彩。

把大段的路程分割成小段

人生就像一艘輪船，如果在大海中因為失去方向而在海上漂流，很快就會把燃料用完，無法到達彼岸。事實上，它用掉的燃料可以使它來往於海岸之間許多次。

一個人如果沒有明確的目標以及達到這個目標的計畫，不管他如何努力工作，都會像一艘失去方向的輪船。辛勤的工作和善良的心靈，無法使一個人獲得成功，因為如果他沒有在心中確定自己希望的目標，如何知道自己是否已經獲得成功？

選擇一個明確的目標，有心理上和經濟上的理由。

一個人的行為總是與他的意志中最主要的思想相互配合，已經是人們公認的心理學法則。特地建立在腦海中並且維持不變的任何明確的主要目標，在下定決心要將它予以實現之際，這個目標會滲透到潛意識中，並且自動地影響到身體的外在行動以使其達成。

在心理學上有一個方法，可以利用它把自己明確的主要目標深刻印在潛意識中，這個方法就是「自我暗示」，也就是不斷向自己提出暗示。這等於是某種程度的自我催眠，但是不要因為這樣就對它產生恐懼。拿破崙就是借助這個方法，使自己從出身低微的科西嘉窮人，最後成為法國的獨裁君主；林肯也是借助這個方法，跨越一道寬廣的鴻溝，使自己走出肯塔基山區的木屋，最後成為美國總統。

只要你可以確定，自己努力追求的目標可以為自己帶來永久的幸福，就不用害怕這種「自我暗示」的方法。但是一定要先明白，自己的明確目標是建設性的，會給自己帶來安詳和成功，不會給別人帶來痛苦和悲哀。然後，就可以按照自己理解的程度運用這個方法，以求迅速達到這個目標。

潛意識也許可以比作是一塊磁鐵，它被賦予功用，在徹底與任何明確目標發生關係之後，就會吸引達成這個目標必備的條件。

先進行一個實驗：

找來兩組人，分別沿著兩條十公里的道路，向同一個村莊前進。

兩組人的差別在於：第一組的人不知道村莊的名字，也不知道路程的遠近，只告訴他們跟著嚮導走。第二組的人知道村莊的名字，也知道路程的遠近，而且路上每一公里就有一塊里程碑。

請你猜想一下，他們完成任務的情況！

第一組的人，走了兩公里就有人叫苦，走到一半的時候，有些人非常憤怒，抱怨為什麼要走這麼遠，甚至坐在路邊不想繼續走。

第二組的人，他們一邊走，一邊看里程碑。在行程中，他們用歌聲和笑聲來消除疲勞，情緒非常高漲，所以很快到達目的地。

只有具體明確的目標，才有指導行動和激勵自己的價值。只有充分瞭解自己在特定時限內完成的特定任務，才會集中精力，激發自己和別人的潛力，為實現自己的目標而奮鬥。沒有具體明確的目標，我們就會精神渙散，實現目標只是一句空話。

雷因二十五歲的時候，因為失業而挨餓。他白天在路上亂走，目的只有一個：躲避房東討債。有一天，他在四十二號街遇到著名歌唱家夏里亞賓。雷因在失業以前，曾經採訪他，但是他沒有想到，夏里亞賓竟然可以認出他。

「很忙嗎？」他問雷因。

雷因含糊地回答，他可能已經看出自己的遭遇。

「我住的旅館在一〇三號街，跟我一起走過去，好嗎？」

「走過去？但是，夏里亞賓先生，六十個路口不是很近。」

「胡說，」他笑著說，「只有五個街口。是的，我是說第六號街的射擊場。」

這裡有些答非所問，雷因還是跟他走了。

「現在，」到達射擊場的時候，夏里亞賓說，「只有十一個街口。」

過了一會兒，他們到了卡納奇劇院。

「現在，只有五個街口就會到動物園。」

又走了十二個街口，他們在夏里亞賓的旅館停下來。奇怪的是，雷因不怎麼覺得疲憊。

夏里亞賓向他解釋要步行的理由：「今天的步行，你可以記在心中，這是生活中的一個教訓。無論你與自己的目標距離多麼遙遠，都不要擔心，把自己的精神集中在五個街口的距離，不要讓遙遠的未來令自己煩悶。」

不要失去自己的目標，把自己的精力集中在面前的目標上，遙不可及的目標就會近在咫尺。

著名的作家和戰地記者希達・賴德曾經用這個方法救了自己的命，以下是他的親身經歷：

第二次世界大戰期間，我跟幾個人從一架損壞的運輸機上跳傘逃生，結果降落在緬印交界處的樹林裡。當時，我們唯一可以做的事情，就是拖著沉重的步伐往印度走，全程長達一百四十英里，必須在八月的酷熱中和季風帶來的暴雨侵襲下，翻山越嶺，長途跋涉。

走了一個小時，一隻長筒靴的鞋釘就扎腳了。傍晚的時候，雙腳起泡出血，像硬幣那般大小。我可以一瘸一拐地走完一百四十英里嗎？別人的情況也差不多，甚至更糟糕，他們還可以走嗎？我們以為必死無疑，但是又不能不走。為了節省體力，我們每次只走一英里，休息十分鐘以後，再繼續下一英里的路程。

我們就這樣走著，有一天，我們竟然驚訝地發現，我們已經走出這段魔鬼旅程⋯⋯

海洋是由許多水滴匯集而成。

房屋是由一磚一瓦砌成的。

每個偉大的成就，都是由許多小成就累積而成。

按部就班做下去，是實現目標的唯一方法。有些人從表面上看來似乎是一夜成名，但是如果仔細觀察他們的歷史，就會知道他們的成功不是偶然的。

一位奧運會長跑冠軍在自傳中這樣說：

每次比賽之前，我都會乘車觀察比賽的路線，並且把沿途比較醒目的標誌畫下來，例如：第一個標誌是銀行，第二個標誌是一棵大樹，第三個標誌是一座紅房子⋯⋯這樣一直畫到賽程的終點。比賽開始以後，我以百米的速度向第一個目標衝去，到達第一個目標以後，又以同樣的速度向第二個目標衝去。四十多公里的賽程，被我分解成幾個目標，輕鬆地跑完。

這個方法也可以用在工作或是讀書上。我們生活在這個世界上，就要有值得努力的目標。如果目標過於遙遠，讓自己覺得不可能實現，就不會有努力的欲望。即使勉強自己去做，最後還是會半途而廢，因為無法感受到成功的滋味。

目標如果設定在可見的距離，就會使自己抱持希望，持續努力。名著《夜與霧》的作者法蘭克，曾經以精神分析醫生的眼光，冷靜觀察囚禁在納粹猶太人集中營的同胞的心理，發現其中有一件很有意思的事情。

有一個猶太人，想要從集中營活著出來，但是這種希望不太可能實現，於是他把目標設定為「幾月幾日，聯軍會來拯救我們，在此之前，我一定要忍耐」，延續生存的希望。結果，在他預定的聯軍到來的日期之前，無論環境多麼惡劣，他都可以堅強地活下去。然而，超過他預定聯軍到來的日期，他急速地衰弱而死亡。

也許我們遭遇的沒有這麼極端，但是在日常生活中可以發現同樣的道理。無論工作還是讀書，只要我們覺得目標可能實現，就會充滿力量和希望。

想要實現自己的目標，就要設定每天可以完成的目標。就像馬拉松的告示一樣，區分目標，制定計畫。也就是說，把目標分為大目標、中目標、小目標，或是稱為終生目標、中期目標、近期目標。

例如：終生目標是成為政治家，為人民服務。然而，這個目標雖然偉大，卻不是一朝一夕可以實現。因此，就要設定中期目標：通過大學考試，或是進入知名大學。為了達成中期目標，每天應該付出的努力，就是近期目標。

《聖經・舊約》記載：無論走到哪裡，阿西德都會播下蘋果種子，我建議每個人可以向他學習。但是要記住，你們播下的是成功的種子！無論走到哪裡，都要為成功播種，然後讓它有足夠的時間茁壯成長，就可以收穫成功的果實。

當然，越快成功越好，但是不要操之過急。操之過急的人，經常會有麻煩。

想要順利實現「未來遠景」，就要一步一腳印，制定每個事業發展階段的「短期目標」。這樣一來，就可以踏著這些台階，拾級而上，奔向成功的目標。

全心地做一件事情

「無論做什麼事情，不管是工作還是學習，都要全心地投入。年輕人一定要記住：做事不要三心二意，更不要見異思遷，不要成為無所不能的廢品。」這是一位成功商人給兒子的忠告。

實際上，這也是所有奮鬥成功者的秘密。

英國政治活動家、小說家愛德華・利頓說：「有許多人看到我如此忙碌，事無巨細、無不顧及，竟然還有時間來從事學問研究，他們感到奇怪地問我：『你怎麼會有那麼多時間來完成這樣多的著述？你究竟有什麼分身之術，可以做完這麼多工作？』或許我的回答會令你感到驚訝，答案就是——『換句話說，如果我在今天疲於奔命，可以做到這一點，是因為我從來不會同時做其他事情。』一個可以從容自若地安排工作的人，肯定不會讓自己過於勞累。換句話說，如果他在今天疲於奔命，隨之而來的必定是疲勞和困乏，這樣一來，他明天就不得不減慢工作節奏，所以結果就是得不償失。我認為，我真正專心致志地學習是從離開大學校園跨入社會之後開始的。到現在為止，我覺得在生活閱歷和各種知識的累積方面，跟同時代的絕大多數人相比，自己毫不遜色。我遊歷許多地方，所見甚廣；在政界和許多社會事務中，我也收穫頗豐；除此之外，我在各地出版大約六十本著作，其中涉及的許多課題是需要深入研究的。你認為經常一天中我會有多少時間用來研究、閱讀、寫作？我可以告訴你，不到三個小時；在國會開會期間，可能連三個小時都沒有。然而，在這三個小時之內，我卻是全神貫注地投入我的工作的，心無旁騖，用心極專。」

生活中，許多人最終無法實現少年時代的夢想，原因就是他們同時涉足太多的領域，由此難免會分散精力，這就阻礙他們的進步，使得他們最終一事無成。他們沒有採取一種更明智的做法，集中心智於某一個領域，咬定青山不放鬆，最終成為該領域所向無敵的行家裡手；他們選擇在很多領域成為「三腳貓」似的人物，他們四處出擊，什麼東西都有所涉獵，卻又都是浮光掠影，淺嘗輒止，最終只懂得一點皮毛。

一個人要「有所為」必須同時要「有所不為」，嚴格約束自己「有所不為」的人，方能大有所為。一個人只有做到以超脫的態度對待世事的紛繁和擾動，才有可能傾其全力攻關於重點領域，在這個領域做出突破。

無論做什麼事情，我們都要「咬緊」一處，堅持不懈地進攻，才會有所突破，做出成就。每位渴求成功的人，尤其是處於創業階段的奮進者，必須隨時防範自己，不要濫鋪攤子，濫用精力，不要以為到處出擊才有收穫，而是應該像錐子那樣，鑽其一點，各個擊破，讓自己在某一方面展示出自己的特長，這樣才可以贏得更大的成功。那些自認為是多才多藝、精力超群的人，結果反而是看起來樣樣通，實際上什麼都不懂，別人以令人耀眼的特長立足於世，他們卻難以與其匹敵，因此痛失獲得成功的各種機會。

有一次，一個青年苦惱地對昆蟲學家法布林說：「我不知疲勞地把自己的全部精力都花在我愛好的事業上，結果卻收效甚微。」

法布林說：「看來你是一位獻身科學的有志青年。」

這位青年說：「是啊！我愛科學，可是我也愛文學，對音樂和美術我也感興趣。我把時間全部用上了。」

法布林從口袋裡掏出一個放大鏡，然後說：「把你的精力集中到一個焦點上，就像這個放大鏡一樣。」

馬修斯博士說：「那些同時有很多目標、精力分散的人會很快地耗盡他們的精力，隨著精力的耗盡，隨之而來的就是原先雄心壯志的消磨。」

歐文・伯克斯頓說：「如果一個人在生活中只追求一個目標——一個唯一的目標，在有生之年，他極有可能會實現自己的願望；但是，如果他事事喜好，見異思遷，就像到處撒播種子，到頭來只會一無所獲，抱憾終生。」

有一個熱心腸的人，看到有人正要將一塊木板釘在樹上當擱板，便走過去管閒事，說要幫他一把。他說：「你應該先把木板頭子鋸掉再釘上去。」於是，他找來鋸子才鋸了兩三下就撒手，說要把鋸子磨快些。於是他又去找銼刀。接著又發現必須先在銼刀上安一個順手的手柄。於是，他又去灌木叢中尋找小樹，可是砍樹又要先磨利斧頭。磨利斧頭要將磨石固定，就要製作支撐磨石的木條。製作木條少不了木匠用的長凳，這沒有一套齊全的工具是不行的。於是，他到村裡去找他所需要的工具，然而這一走，就再也不見他回來了。

那些對奮鬥目標用心不專、左右搖擺的人，對瑣碎的工作總是尋找遁詞，懈怠逃避，他們註定是要失敗的。

讓我們吸取鮑勃的教訓吧！鮑勃沒有受過什麼教育，但是他的父親為他留下一大筆錢。

他拿出十萬美元投資辦一家煤氣廠，可造煤氣所需的煤炭價錢昂貴，這使他大為虧本。於是，他以九萬美元的售價把煤氣廠轉讓出去，開辦起煤礦來。可這又不走運，因為採礦機械的耗資大得嚇人。因此，鮑勃把礦裡擁有的股份變賣八萬美元，轉入煤礦機器製造業。從此以後，他便像一個內行的滑冰者，在有關的各種工業部門中滑進滑出，沒完沒了。

幾年過去了，鮑勃一事無成，十萬美元也化為烏有。更可怕的是，他甚至在生活中也是這種見異思遷的態度。

他對一個女孩一見鍾情，十分坦率地向她表露這種感情。為使自己匹配得上她，他開始在精神品德方面陶冶自己。他去一所星期日學校上了一個半月的課，但不久便自動逃遁了。兩年以後，當他認為問心無愧、無妨啟齒求婚之日，那位女孩已經嫁給一個愚蠢的傢伙。

不久，他又如癡如醉地愛上一位迷人的、有一個妹妹的女孩。可是，當他上女孩家時，卻喜歡上二妹。不久又迷上更小的妹妹，到最後一個也沒談成功。

福威爾伯克斯頓把自己的成功歸因於勤奮和對某個目標持之以恆的毅力。在追求某個目標的時候，他從來都是全心地投入。正是對自身奮鬥目標的清楚認識和執著追求，造就他最後的成功。正如人們所說，持之以恆，鍥而不捨，則百事可為；用心浮躁，淺嘗輒止，則一事無成。

不知你是否注意到，針尖雖然幾乎細不可見，剃刀或斧頭的刀刃雖然薄如紙片，然而，正是它們在披荊斬棘中起著決定性的開路先鋒的作用。如果沒有針尖或刀刃，針或刀都無法發揮作用。在生活中，可以克服艱難險阻，最後順利到達成就巔峰的人，也是那些可以在某個領域學有所專、研有所精而有刀刃般銳利鋒芒的人。

如果你從小教育你的孩子學習走路時要專心致志，視線集中，他經常會順利地到達目的地而不會有跌倒之虞。如果他精力分散，大半會跌倒在地，弄得灰頭土臉。「年輕人，要堅持做一件事情，」他又對一位年輕的釀酒師說，「堅持釀你的酒，你就會成為倫敦最偉大的釀酒師。但是，如果你要釀酒，又要當銀行家，又要做貿易，還要當製造商，最終會無所適從、一事無成。」不要博而泛，要精而專，這是當今時代的要求。在這個社會分工越來越細，專門領域越來越精的時代，如果一個人分散自己的精力，他註定不會成功。

「我搬運過貨物，記錄過資訊，製作過地毯，還寫過詩」，這是倫敦一個在這些領域表現平凡的人寫下的話，他讓人想起巴黎的一位科納德先生，他是一位「小有名氣的作家，懂一點會計業務，通一點植物學，還會炸薯條」。

成功與失敗的最大區別，不是在於一個人做了多少工作，而是在於他做了多少有意義的工作。在失敗者當中，相當多的人所付出的努力本來足以取得顯赫的成就；但是，他們的含辛茹苦就像邊建設邊破壞一樣，最後的結果仍然是支離破碎的一堆。他們沒有適應環境，把自己的工作成果轉化成潛在的機會。他們也沒有把小的失敗轉化為大的成功契機。他們能力不可謂不夠，時間不可謂不多——這些是成功的經緯線條，但是他們用力推來推去的卻是一個空無一物的紡織機，真正的生活之網上一根線都沒有掛上。

如果你詢問其中一個人，他的生活目標和理想是什麼，他會回答你：「我還不清楚自己到底適合做什麼，但是我確實相信勤奮是成功的關鍵，我決心一生勤勤懇懇地努力工作。我想，我總會得到什麼的。」

有些人的目標用籠統的詞句表達，例如：「當一位成功的醫師。」有些比較具體，例如：「要發明可以有效治療胃痛或頭痛的藥物。」廣泛的事業目標也有用，因為它們有整體的觀點，可以解放想像力，幫助我們探究所有可能的選擇。但是，廣泛的目標無法使我們確定自己要做的是什麼。由於這個緣故，我們需要具體的事業目標。

每個人都有自己的事業心，並且以實現自己的理想為滿足。對此，史蒂芬・柯維博士建議：「你必須先確定自己的目標，讓思想為你繪製一幅最好的事業心，使它栩栩如生。然後，運用想像力使它和你形影不離，同起共坐，並且同心協力，達到前途。」

為什麼要擁有一個具體的事業目標？

因為有具體的理想之像，你就不再孤獨和寂寞。彼此心靈相通，可以互相關心鼓勵，切磋討論，創立事業，培養品性。

事實上，在發展個人事業的過程中，具體目標與你個人是一合二、二合一，渾然一體的。所以，首先你必須充實自己的知識，豐富自己的人生經驗，發展起高尚的理想和正確的人生觀，進而擬定自己的理想人生。但是，只有理想，只有所謂的具體事業目標是不夠的，你必須採取切實的行動。但是，潛意識已經把具體的事業目標化成心像，閃動在你眼前，提醒你、督促你繼續未做的工作。透過緊密的合作，直到目標變成現實。

「永遠不要抱持投機的態度來學習，」沃特斯語重心長地告誡我們，「這種學習態度只能導致一無所獲。首先要給自己制定一個計畫，確定一個奮鬥目標，然後腳踏實地地為之努力；把你所有精力和才幹都用在上面，這樣你就離成功不遠了。我所說的投機的學習態度，是指那種由於認為所學的東西未來某個時候可能會帶來好處而毫無方向地進行學習的態度。」

你大概玩過這樣的遊戲吧！

在夏天最炎熱的某一天，把放大鏡拿出放在報紙上，中間隔一小段距離。很快你就會發現，如果一直移動放大鏡，永遠無法點燃報紙。但是，如果放大鏡不動，你把焦點對準報紙，很快你就可以利用太陽的威力，把報紙點燃。

化學家告訴我們，如果把一英畝草地所具有的全部能量聚集在蒸汽機的活塞桿上，它產生的動力足以推動世界上所有的磨粉機和蒸汽機。但是，因為這種能量是分散存在的，所以從科學的角度來說，它基本上毫無價值可言。這也說明，能量如果聚焦於一點，將會產生多麼大的動力。

伊格・蘿拉有一句名言：「一次做好一件事情的人比同時涉獵多個領域的人要好得多。」在太多的領域內都付出努力，我們就難免會分散精力，阻礙進步，最終一無所成。聖・李奧納多在一次給一位爵士的信中談到他的學習方法，並且解釋自己成功的秘密。他說：「開始學法律時，我決心吸收每一點有用的知識，並且使之同化為自己的一部分。在一件事情沒有充分瞭解清楚之前，我絕對不會開始學習另一件事情。」

耶魯的教授喬治・戴維森就是靠專注才取得成功。

喬治從小就有一個夢想，希望能像他心目中的這些英雄那樣能改變世界，服務於全人類。但是要實現他的目標，他需要受最好的教育，他知道只有在美國才可以得到他需要的教育。

要命的是，他身無分文，沒辦法支付路費，到美國有一萬公里的距離。而且，他根本不知要上什麼學校，也不知道會被什麼學校招收。

但喬治還是出發了。他必須踏上征途。他徒步從他的家鄉尼亞薩蘭的村莊向北穿過東非荒原到達開羅，在那裡他可以乘船到美國，開始他的大學教育。他一心只想著一定要踏上那片可以幫助他把握自己命運的土地，其他的一切都可以置之度外。

在崎嶇的非洲大地上，艱難跋涉五天以後，喬治僅僅前進二十五英里。食物吃光了，水也快喝完了，而且他身無分文。想要繼續完成後面的幾千英里的路程似乎是不可能的，但喬治清楚地知道回頭就是放棄，就是重新回到貧窮和無知。

他對自己發誓：不到美國我誓不甘休，除非我死了。他繼續前行。

有時候，他與陌生人同行，但是更多的時候是孤獨地步行。大多數夜晚是大地為床、星空為被。他依靠野果和其他可吃的植物維持生命。艱苦的旅途生活使他變得又瘦又弱。

由於疲憊不堪和心灰意懶，喬治幾欲放棄。他曾想說：「回家也許會比繼續這似乎愚蠢的旅途和冒險更好一些。」

他並未回家，而是翻開他的兩本書，讀著那熟悉的語句，他又恢復對自己和目標的信心，繼續前行。

要到美國，喬治必須具有護照和簽證，但要得到護照他必須向美國政府提供確切的出生日期證明，更糟糕的是要拿到簽證，他還需要證明他擁有支付他往返美國的費用。

喬治只好再次拿起紙筆，寫了一封求助信給他童年時起就曾教過他的傳教士們。結果傳教士們透過政府管道幫助他很快拿到護照。然而，喬治還是缺少領取簽證所必須擁有的那筆航空費用。

喬治沒有灰心，而是繼續向開羅前進，他相信自己一定可以透過某種途徑得到自己需要的這筆錢。

幾個月過去了，他勇敢的旅途事蹟也逐漸地廣為人知。關於他的傳說已經在非洲大陸和華盛頓弗農山區廣為流傳。斯卡吉特峽谷學院的學生在當地市民的幫助下，寄給喬治六百四十美元，用以支付他來美國的費用。當他得知這些人的慷慨幫助後，他疲憊地跪在地上，滿懷喜悅和感激。

一九六〇年十二月，經過兩年多的行程，喬治終於來到斯卡吉特峽谷學院。手持自己寶貴的兩本書，他驕傲地跨進學院高聳的大門。

喬治憑著自己的專注，終於實現自己的目標。

從千百萬個成功者身上，我們可以發現一個共同的事實，他們幾乎都是從自己的興趣、特長起步，果斷執行自己的決策，明確自己的主攻目標，再「縮小包圍圈」，向此目標步步逼近，最後終於一舉成功。

把明確目標寫下來，可以使你更清楚地瞭解你所希望的是什麼，它可提醒你明確目標的力量，同時暴露出目標的缺點。

如果你寫不出心中所想的明確目標，則可能表示，你對這些目標的相信程度還不夠。

如果你寫出計畫之後，便應每天對自己至少大聲念一次，這樣做不僅可以加強你的執著信念，同時也可以強化你內心裡的力量。

面臨選擇執行的方法時，念出寫好的明確目標，可以使你對目標本身有更清楚的瞭解，並且使你仍然朝著目標前進。

當然，我們也可以利用書面計畫，確保每位團隊成員都可以為相同的目標努力。個人的能力有限，如果以共同的明確目標為基礎，集合眾人的才智，並且以和諧的態度邁進目標，就可以成就偉大的事業。

及早規劃你的職業生涯

蕭伯納曾經說：「征服世界的將是這樣一些人：開始的時候，他們試圖找到夢想中的樂園。當他們無法找到的時候，他們親手創造它，就像在出外旅遊之前你會很自然地帶上地圖一樣。」一個人職業生涯規劃就是帶領我們穿越迷霧，走向成功的地圖，我們只有依靠它的指導，才可以順利地到達成功的彼岸。一個職業目標與生活目標相一致的人是幸福的，職業生涯設計實質上是追求最佳職業生涯的過程。

職業生涯即事業生涯，是指一個人一生連續擔負的工作職業和工作職務的發展道路。成功的職業生涯規劃要求你根據自身的興趣、特點，將自己定位在一個最能發揮自己長處的位置，可以最大限度地實現自我價值。個人職業規劃要在瞭解自我的基礎上確定適合自己的職業方向、目標並且制定相應的計畫，以避免就業的盲目性，降低從業失敗的可能性，為個人走向職業成功提供最有效率的路徑。著名管理專家諾斯威爾對職業生涯規劃內涵的界定是這樣的：個人結合自身情況以及眼前的制約因素，為自己實現職業目標而確定的行動方向、行動時間和行動方案。

職業規劃的好處主要有三點：

第一，它可以減少許多焦慮與情緒波動（高漲與低落）。

第二，它可以使生活與工作的效率更高，更容易獲得成就。

第三，它可以使自己集中優勢資源，避免一切干擾，使自己更容易獲得成功。

我們應該如何才可以做好自己的職業規劃？總共有五個步驟：

瞭解自己

成功的人生需要正確規劃。事實上，你今天站在哪裡不重要，但是你下一步邁向哪裡很重要。一個有效的職業生涯設計，必須在充分且正確地認識自身的條件與相關環境的基礎上進行。對自我及環境的瞭解越透徹，越能做好職業生涯設計。因為職業生涯設計的目的不只是協助你達到和實現個人目標，更重要的也是幫助你真正瞭解自己。

你需要審視自己、認識自己、瞭解自己，並且進行自我評估。自我評估包括自己的興趣、特長、性格、學識、技能、智商、情商、思維方式、思維方法、道德水準以及社會中的自我等內容。詳細估量內外環境的優勢與制約，設計出自己的合理且可行的職業生涯發展方向，透過對自己以往的經歷及經驗的分析，找出自己的專業特長與興趣點，這是職業設計的第一步。

瞭解自己，我們可以採用對自己的五個追問來實現這一點，此種方法依託的是歸零思考的模式：即從問自己是誰開始，然後一路問下去，總共有五個問題：

我是誰？

我想要做什麼？

我會做什麼？

環境支持或允許我做什麼？

我的職業與生活規劃是什麼？

回答這五個問題，找到它們的共同點，你就可以對自己有一個清楚的瞭解。如果你有興趣，現在就可以試試。先取出五張白紙、一支鉛筆、一塊橡皮擦。

在每張紙的最上面分別寫上以上五個問題。然後，靜下心來，排除干擾，按照順序，獨立地仔細思考每個問題。

對於第一個問題「我是誰」回答的重點是：面對自己，真實地寫出每個想到的答案；寫完再想想有沒有遺漏，確實沒有，按照重要性進行排序。

對於第二個問題「我想要做什麼」可以將思緒回溯到孩童時代，從人生初次萌生第一個想要做什麼的念頭開始，然後隨年齡的增長，回憶自己真心嚮往想要做的事情，並且記錄下來，寫完後再想想有無遺漏，確實沒有了，就進行認真的排序。

對於第三個問題「我可以做什麼」則把確實證明的能力和自認為還可以開發出來的潛能都一一列出來，認為沒有遺漏了，就進行認真的排序。

對第四個問題「環境支持或允許我做什麼」的回答，則要稍做分析：環境，有本單位、本市、本省、本國和其他國家，自小向大，只要認為自己有可能借助的環境，都應該在考慮範疇之內；在這些環境中，認真想想自己可能獲得什麼支持和允許，搞明白後一一寫下來，再以重要性排列一下。

如果可以成功回答第五個問題「我的職業規劃是什麼」，你就有最後答案。

做法是：把前四張紙和第五張紙排開，然後認真比較第一至第四張紙上的答案，將內容相同或相近的答案用一條橫線連起來，你會得到幾條連線，不與其他連線相交又處於最上面的線，就是你最應該去做的事情，你的職業生涯就應該以此為方向。在此方向上以三年為單位，提出近期、中期與遠期的目標；再在近期的目標中提出今年的目標；將今年的目標分解為每季度目標、每月目標、每週目標、每天目標。這樣一來，每天睡前就可以對照自己的目標進行反省，總結當日的成就與失誤、經驗與教訓，修正明天的目標與方法，第二天醒來以後，稍加溫習就可以投入行動！這樣日積月累，沒有不能實現的規劃。

值得注意的是，很多人往往認為選擇最熱門的職業就表示對自己最有前途，對此，有關專家提醒：選擇職業重要的是能正確地分析自己，找到自己最適合做的專業，然後努力成為本行業的佼佼者。

清楚目標，明確夢想

如果你不知道你要到哪裡，經常你哪裡也去不了。

確立目標是制定職業生涯規劃的關鍵，有效的職業生涯設計需要切實可行的目標，以便排除不必要的猶豫和干擾，全心致力於目標的實現。制定自己的職業目標沒有想像的那麼困難，只要考慮一下你希望在多少年之內達到什麼目標，然後逐漸往回算就可以。目標的設定要以自己的最佳才能、最優性格、最大興趣、最有利的環境等資訊為依據。經常目標分為短期目標、中期目標、長期目標、人生目標，但是有一點，就是說你要保證這個目標至少在你本人看來是偉大的。沒有切實可行的目標作驅動力，人們很容易對現狀妥協。

制定行動方案

你的職業正在幫助你實現人生的最終目標嗎？你是否有一種途徑可以讓你現有的職業與你的人生基本目標相一致？

就像一場戰役或是一場比賽都需要確定作戰方案一樣，有效的職業生涯設計也需要有確實可以執行的職業生涯策劃方案。這些具體的且可行性較強的行動方案會幫助你逐漸走向成功，實現目標。

一般而言，職業生涯方向的選擇需要考慮以下三個問題：

我想要往哪個方面發展？

我可以往哪個方面發展？

我將會往哪個方面發展？

如果你現在是一個業務員，但是你的五年、十年或二十年的個人職業規劃是希望成為一個業務主管，你應該問自己下列幾個問題：

我需要哪些特別的培訓和學習，才可以使我夠資格做一個業務主管？

為使自己的發展路上順暢坦蕩，需要排除的內部和外部障礙有哪些？

我目前的主管在這個方面能給我幫助嗎？我周圍的人在這個方面能給我幫助嗎？

在目前的公司我最終成為業務主管的可能性有多大？是否比在其他公司機會更大？

作為某一級主管這個職位的經驗水準和年齡層次是怎樣的？我是否符合這個範圍？

停止夢想，開始行動

立刻行動。這是所有職業生涯設計中最艱難也是最重要的一個步驟，因為行動就表示你要停止夢想而切實地開始行動。如果動機不轉換成行動，動機終歸是動機，目標也只能停留在夢想階段。就像一場戰役或是一場比賽都需要確定作戰方案一樣，有效的職業生涯設計也需要有確實可以執行的職業生涯企劃方案，這些具體而且有可行性的行動方案會幫助你逐漸走向成功，實現目標。

職業規劃成功的案例都是在有明確的職業目標以後，在求職過程中不斷與那個目標看齊。當然，不是每個人都有遠見，制定自己的目標，並且有計畫地不斷朝這個方向努力的，但這一點對職業發展產生至關重要的作用。

修正你的計畫

計畫趕不上變化。影響你職業生涯規劃的因素諸多，有些變化因素是可以預測的，有些變化因素難以預測。要使職業生涯規劃行之有效，就須不斷地對職業生涯規劃進行評估，修正職業生涯目標、職業生涯策略，使方案更適當，以適應環境的改變，同時可以作為下輪職業生涯設計的參考依據。

成功的職業生涯設計需要隨時審視內外環境的變化，並且及時調整自己的前進步伐。目標的存在只是為你的前進指示一個方向。而你是它的創造者，你可以在不同時間不同環境下更改它，讓它更符合你的理想。

在今天，我們的工作方式不斷推陳出新，除了學習新的技能知識以外，還要隨時審視自己的職業生涯資本，並且意識到其不足的地方，不斷修正自己的目標，才可以立於不敗之地。

第六章

防止疲勞，永保青春

How to Stop
Worrying and Start Living

Carnegie

什麼使你疲勞？

衡量一天工作的品質是否已經完成指標，不是看你有多疲倦，而是看你多不疲倦。

以下是一個令人驚訝而且非常重要的事實：只是用腦不會使你疲倦。這句話聽起來非常荒謬，然而科學實驗卻證明這一點。

是什麼使你疲勞？心理治療家認為，我們感到的疲勞，多半是由精神和情感因素引起的，英國最有名的心理分析學家海菲德在他的《權力心理學》中說：「我們感到的大多數疲勞，都是心理影響的結果。實際上，純粹由生理引起的疲勞是很少的。」

美國著名的心理分析學家布列爾博士說得更詳細：「一個坐著的工作者，如果健康狀況良好的活。他的疲勞百分之百是受心理因素也就是情感因素的影響。」

哪些因素會導致疲勞？當然是煩悶、懊悔、一種不受賞識的感覺以及忙亂、焦急、憂慮。這些感情因素使人容易感冒，使工作成績下降。我們感到疲勞，是因為我們的情緒使身體緊張。

大都會人壽保險公司指出：「憂慮、緊張、情緒不安，是導致疲勞的三大原因。」

為什麼在從事腦力勞動的時候，也會產生這些不必要的緊張？柯西林說：「幾乎所有人都相信越困難的工作就越得用力做，否則就不能做好。」所以我們一集中精力就皺起眉頭，聳著肩膀，讓所有的肌肉都「用力」，實際上這對我們的思考根本沒有絲毫幫助。

遇到這種精神上的疲勞，應該放鬆、放鬆、再放鬆。

這很容易嗎？不，你要花很大力氣才可以把一輩子的習慣改過來。可是花這種力氣是值得的。威廉・詹姆斯在那篇名為〈論放鬆情緒〉的文章中說：「美國人過度緊張、坐立不安、表情痛苦，這是一種壞習慣，不折不扣的壞習慣。」緊張是一種習慣，放鬆也是一種習慣，壞習慣應該消除，好習慣應該保持。

怎樣才可以放鬆？是先從思想上還是先從神經上開始？都不是，應該先從肌肉開始，首先你要放鬆眼部肌肉，然後可以用同樣的方法放鬆你的臉部、頸部和整個身體。

但是，你全身最重要的器官，還是你的眼睛。芝加哥大學的艾德蒙・傑可布森博士說，如果你可以完全放鬆你的眼部肌肉，你就可以忘記所有的煩惱。在消除神經緊張方面，眼睛非常重要，是因為它們消耗全身能量的四分之一。這也就是為什麼很多眼力很好的人，卻感到「眼部緊張」，因為他們自己使眼部緊張。

以擅長寫作長篇小說聞名的女作家薇姬・貝姆曾經說，她小時候遇見過一位老人，教導她一生中學過的最重要的一課。那個時候，她摔了一跤，碰破膝蓋，扭傷手腕，有一個曾經在馬戲團當小丑的老人把她扶起來。在幫她把身上灰塵撣乾淨的時候，那個老人對她說：「你會碰傷，是因為你不知道怎樣放鬆自己。你應該假裝你自己軟得像一雙襪子，像一雙穿舊了的襪子。來，我來教你怎麼做。」

那個老頭就教薇姬・貝姆和其他的孩子怎麼樣跑，怎麼樣跳，怎麼樣翻跟頭，還一直教他們說：「要把你自己想像成一雙舊襪子，你就可以放鬆了。」

任何時候可以放鬆，任何地方也可以放鬆，只是不要花費力氣去讓自己放鬆。所謂放鬆，就是消除所有的緊張和力氣，只想到舒適和放鬆。開始的時候，先想如何放鬆你的眼部肌肉和臉部肌肉，不停地說著：「放鬆……放鬆……放鬆，再放鬆！」要從臉部肌肉到身體中心，都可以感到自己的體力。要使你自己像孩子一樣，完全沒有緊張的感覺。

這就是著名的女高音嘉莉・古淇所用的方法。海倫・吉卜生告訴我，他經常看見嘉莉・古淇在表演之前坐在一張椅子上，放鬆全身的肌肉，而且下顎鬆得像脫臼一樣。這種做法非常好——可以使她在登台的時候，不至於感到太緊張，也可以防止疲勞。

以下是幫助你學會怎樣放鬆的五項建議：

（一）請看關於這個方面的一本好書——大衛・哈羅・芬克博士所寫的《消除神經緊張》。我還建議你看一看《為什麼會疲倦？》，這本書的作者是丹尼爾・柯西林。

（二）隨時放鬆你自己，使你的身體軟得像一雙舊襪子。我在工作的時候，經常在桌子上放上一雙紅褐色的舊襪子，提醒我應該放鬆到什麼程度。如果你找不到一雙舊襪子，一隻貓也可以。你是否曾經抱過在太陽底下睡覺的貓？你抱起牠的時候，牠的頭就像打濕的報紙一樣塌下去，印度的瑜伽術也教你，如果你想要放鬆，應該多去瞧瞧貓。我從來沒有看過疲倦的貓，也沒有看過患精神分裂症、風濕病，或擔憂得染上胃潰瘍的貓。如果你可以學貓那樣放鬆自己，大概就可以避免這些問題。

（三）工作的時候，採取舒服的姿勢。要記住，身體的緊張會產生肩膀的疼痛和精神上的疲勞。

（四）每天自我檢查五次，問問自己：「我有沒有使自己的工作變得比實際上的更繁重？我有沒有使用一些和我的工作毫無關係的肌肉？」這些都有助於你養成放鬆的好習慣。就像大衛・哈羅・芬克博士說的：「那些對心理學最瞭解的人都知道，疲倦有三分之二是習慣性的」。

（五）每天晚上再檢查一次，問問你自己：「我到底有多疲倦？如果我感覺疲倦，不是我過分勞心的緣故，而是因為我做事的方法不對。」「我算算自己的成績，」丹尼爾・柯西林說，「不是看我在一天工作結束後有多疲倦，而是看我多不疲倦。」他說：「如果哪一天過完後我感到特別疲倦，或是我感覺自己的精神特別貧乏的時候，我會毫無問題地知道，這一天在工作的質和量上都做得不夠。如果每個企業家能學會這一點，因為神經緊張引起疾病致死的比例，就會立刻降低。而且，我們的精神療養院裡，也不會再有哪些因為疲勞和憂慮導致精神崩潰的人。」

如何多清醒一個小時?

休息不是浪費生命，它可以讓你在清醒的時候，做更多有效率的事情。

任何一位還在學校讀書的醫學系學生，都會告訴你，疲勞會降低身體對一般疾病的抵抗力；任何一位心理治療家，也會告訴你，疲勞同樣會降低你對憂慮和恐懼感覺的抵抗力。所以，防止疲勞也就可以防止憂慮。

芝加哥大學實驗心理學實驗室的主任雅各森醫生，他寫過兩本關於如何放鬆緊張情緒的書：《消除緊張》和《你必須放鬆緊張情緒》。他花很長一段時間主持研究放鬆緊張情緒方法在醫學上的應用。他認為任何一種精神和情緒上的緊張狀態，「在完全放鬆之後就不可能再存在」。也就是說，如果你可以讓自己緊張的情緒得到很好的放鬆，就不會再憂慮。

為什麼這一點這麼重要？因為疲勞增加的速度快得出奇。美國陸軍曾經進行過幾次實驗，證明即使是年輕人——經過多年軍事訓練而很堅強的年輕人，如果不帶背包，每行軍一小時，坐下來好好休息十分鐘，他們行軍的速度就加快許多，也可以比其他軍隊更持久。

也許你的心臟跟軍人一樣強健。你的心臟每天壓出來流過你全身的血液，足夠裝滿一節火車上裝油的車廂；你的心臟能完成這麼多令人難以置信的工作量，可以持續五十年、七十年，甚至可能九十年之久。這樣一來，心臟怎麼能承受得了？哈佛醫院的沃爾特・加農博士解釋說：「絕大多數人都認為，人類的心臟不停地跳動。事實上，在每一次收縮之後，它有一段時間是完全靜止的。心臟按正常速度每分鐘跳動七十次的時候，一天二十四小時的實際工作時間只有九小時，也就是說，心臟每天的休息時間有十五個小時。」

約翰・洛克菲勒有過兩次驚人的記錄：他賺到當時全世界為數最多的財富，也健康地活到九十八歲。他如何做到這兩點？他家裡的人都很長壽，這當然是最主要的原因之一。另一個原因是，他每天中午在辦公室裡睡半個小時午覺。他會躺在辦公室的大沙發上——而在睡午覺的時候，即使是美國總統打來的電話他也不接。

丹尼爾博士有一本名叫《為什麼會疲倦》的書裡說：

「休息不是絕對什麼事情不做，人的休息其實是對身體上某些損失的修補。」

不要小看短短的一點休息時間，就可以產生很好的修補效果，即使只打五分鐘的瞌睡，也有助於你防止疲勞。

愛迪生有無窮的精力和耐力，他認為是來自於自己可以隨時想睡就睡的習慣。

亨利・福特的八十大壽即將到來的時候，我去訪問過他。我實在猜不透他為什麼看起來那樣有精神，那樣健康。我問他秘訣是什麼？他說：「可以坐著的時候，我絕對不會站著；可以躺著的時候，我絕對不會坐著。」

我曾經把這類的方法介紹給好萊塢的導演嘗試，他後來告訴我，這個方法真的可以產生很大的作用。這位導演就是傑克・切爾托克，好萊塢最著名的導演之一。幾年前他來看我的時候，他是MGM公司短片部經理，他說他經常感到勞累和精疲力竭。他試過很多種方法，喝礦泉水、吃維生素和其他補藥，但是對他一點幫助也沒有。我建議他每天去「度假」。怎麼做？就是當他在辦公室裡和手下開會的時候，躺下來使自己得到放鬆。

兩年時間過去了，我再見到他的時候，他說：「出現奇蹟了，這是我醫生說的。以前每次和我手下談短片問題的時候，我總是坐在椅子裡，身體和心理都處於緊張的狀態。現在每次開會的時候，我躺在辦公室的長沙發上。我現在覺得比我二十年來好過多了，每天可以多工作兩個小時，卻沒怎麼感覺疲勞。」

所以，保持精力充沛、防止疲勞的第一條規則是：經常休息，在你感到疲勞以前就休息。

弗雷德里克・泰勒還在伯利恆鋼鐵公司擔任管理工程師的時候，就用事實證明這個方法的正確性。他曾觀察過，工人每人每天可以往貨車上裝大約十二・五噸生鐵，經常他們中午時候就已經精疲力竭。他把所有使工人產生疲勞的因素歸納一下，進行一次科學性研究，認為這些工人不應該每天只裝運十二・五噸生鐵，而是應該裝運四十七噸。按照他的計算，他們應該可以做到目前成績的四倍，而且不會疲勞，只是必須想辦法證明。

泰勒選了施密特先生做「試驗」，讓他按照碼錶的規定時間來工作。有一個人站在一邊拿著一個碼錶來指揮施密特：「現在拿起一塊生鐵，走……現在坐下來休息……現在走……現在休息。」

結果如何？其他人每天最多只能裝運十二・五噸的生鐵，施密特每天卻能裝運到四七・五噸生鐵。弗雷德里克・泰勒在伯利恆鋼鐵公司工作的那三年裡，施密特的工作量從來沒有減少過，他可以做到，是因為他在疲勞之前就有時間休息：每個小時，他工作二十六分鐘，休息三十四分鐘。他休息的時間要比他工作的時間多——但是他的工作成績差不多是其他工人的四倍。

如果你做打字工作，你就不能像愛迪生或是山姆・戈爾德溫那樣，每天在辦公室裡睡午覺；如果你作為一位會計，也不可能躺在長沙發上跟你的老闆討論帳目問題。可是如果你住在一個小城市裡，每天中午回去吃午飯，飯後就可以休息十分鐘。這是馬歇爾將軍經常做的事情。在第二次世界大戰期間，他覺得指揮美軍部隊非常忙碌，所以中午必須休息。如果你已經過了五十歲，還感覺自己忙得連這一點時間都沒有，趕快趁早購買人壽保險吧！

如果你根本不可能睡個午睡，至少要在吃晚飯之前躺下休息一個小時，這比喝一杯飯前酒要便宜多了。而且算起總帳來，比喝一杯酒還要有效五千四百六十七倍。如果你可以在下午五點、六點或是七點左右睡一個小時，你就可以在自己的生活中每天使自己多清醒一個小時。為什麼？因為晚飯前睡的那一個小時，加上夜裡所睡的六個小時，共是七個小時，這對你的好處遠比連續睡八個小時要多得多。

如果你從事體力勞動，多一些休息時間，每天就可以做更多的工作。

我們再來重複一遍：經常休息，照你自己心臟做事的方法去做——在你感到疲勞之前先休息，這樣你每天精力充沛的時間，至少就可以多一個小時。

消除疲勞、精力充沛的第一個技巧是：

在感到疲勞前休息。

假裝對工作感興趣

煩悶，是產生疲勞的最主要原因之一。

幾年前，《心理學學報》上有一篇約瑟夫・巴馬克博士的報告，談到他的一些實驗，證明煩悶會產生疲勞。巴馬克博士讓一大群學生做了一連串的實驗，他知道那些學生對這些實驗沒有任何興趣。結果呢？所有的學生都覺得很疲倦、打瞌睡、頭痛、眼睛疲勞、很容易發脾氣，甚至還有幾個人覺得胃很不舒服。所有這些是否都是「想像來的」？不是的，這些學生做過新陳代謝的實驗，經過試驗，得出一個結果：一個人感覺煩悶的時候，他的血壓和氧化作用，實際上真的會降低。如果這個人覺得他的工作有趣的時候，就會使整個新陳代謝立刻加強。

如果我們手頭做著一些很有趣、很令人興奮的事情，很少會感到疲倦。例如，我最近在加拿大洛磯山脈的路易士湖畔度假，我釣了幾天的鮭魚。我跨過很多橫倒在地上的樹枝，要穿過長得比人還高的樹叢，要爬過很多倒下來的老樹——可是如此辛苦八個小時之後，我卻一點也沒有疲倦的感覺。為什麼？因為我非常興奮，興致很高，而且覺得自己很有成績——我抓到六條很大的鮭魚。可是如果我覺得釣魚是一件很煩悶的事情，你想我會有什麼樣的感覺？我一定會因為在海拔七千英尺的高山上這麼來來回回地勞碌奔波而感到筋疲力盡的。即使像登山這類消耗體力的運動，恐怕也沒有煩悶的力量大，因為煩悶更容易讓你感到疲憊。

舉一個例子來說，就說住在我家附近的那位愛麗絲小姐吧！一天晚上，愛麗絲回到家裡後她覺得筋疲力盡，一副疲倦不堪的樣子。她確實非常疲勞，頭痛，背也痛，疲倦得不想吃飯只想上床睡覺。她的母親再三請求她吃飯，她才坐下來吃了一點飯。這個時候，電話鈴響了，是她男朋友打來的，請她出去跳舞，她的眼睛立刻亮了起來，精神也來了。她衝上樓，穿上她那件天藍色的洋裝，一直玩到凌晨三點多鐘才回來，最後等她回到家裡的時候，卻一點也不疲倦，不僅這樣，她還興奮得睡不著覺！

在沒有出去玩之前，愛麗絲的外表和動作，看起來都筋疲力盡的時候，她是否真的那麼疲勞？一點也沒錯，她覺得疲勞，是因為她覺得工作使她很煩，甚至感覺自己的生活都很煩。世界上不知道有幾千、幾百萬人像愛麗絲這樣的人，或許你就是其中一個。

如果一個人受到忙亂心理因素的影響，經常比身體勞累更容易覺得疲勞，這已經是每個人都知道的事實。

金曼先生是明尼亞波利斯農工儲蓄銀行的總裁，他告訴過我一件事情，正好可以充分地說明這個道理：一九四三年七月，加拿大政府要求加拿大阿爾卑斯登山俱樂部協助威爾斯軍團登山訓練，金曼先生就是被選來訓練這些士兵的教練之一。他告訴我，他和其他教練從四十二～五十九歲不等，帶著那些年輕士兵，長途跋涉過很多的冰河和雪地，再用繩索和一些很小的登山設備爬上四十英尺高的懸崖。他們在加拿大洛磯山的小月河山谷裡爬上許多高峰，十五個小時的登山活動過後，那些身體強健的年輕人已經筋疲力盡。

他們有疲勞的感覺，是否因為他們軍事訓練時，肌肉沒有訓練得很結實？當然不是，任何一個曾經接受嚴格軍事訓練的人對這種荒謬的問題都一定會嗤之以鼻。他們會有筋疲力盡的感覺，是因為他們覺得登山很煩。他們中很多人疲倦得不等到吃晚飯就睡著了。可是那些教練們，那些年齡比士兵要大兩三倍的人，他們是否有疲倦的感覺？是的，可是他們不會筋疲力盡。那些教練們吃過晚飯後，還坐在那裡聊了幾個鐘頭，談他們這一天的事情。他們不會疲倦到筋疲力盡的地步，就是因為他們對這些事情非常感興趣。

愛德華・桑代克是哥倫比亞大學的博士，他在主持一些有關疲勞的實驗時，用那些年輕人經常保持感興趣的方法，使他們的清醒時間差不多達到一個星期之久。在經過很多次調查研究之後，桑代克博士表示：「煩悶是使工作效率減低的唯一真正原因。」

如果你從事腦力工作，使你疲勞的原因很少是由於你的工作過量，而是由於你的工作量不足。

以下的例子是一位有關打字小姐的故事。她發現，假裝對工作感興趣很有意思，會使人收穫很多——她過去不喜歡自己的工作，可是現在不會了。她的名字叫作維莉・戈爾登，她在信上這樣對我說整件事情：

我所在的辦公室有四個打字小姐，每個人都要負責替幾個人打字，每隔一段時間，我們就會因為大量的工作而忙得暈頭轉向。有一天，一個部門副經理堅持要我把一封長信重打一遍，這使我非常憤怒。我告訴他，這封信只要改一改就可以，沒有重打一遍的必要，但是他對我說，如果我不重打，他就會去找願意重打的人來做。當時，我簡直氣得快瘋了，可是我開始重新打這封信的時候，突然發現很多人都會跳起來抓住這個機會，來做我目前正在做的這件事情。從另一個角度來說，別人付我薪水正是要我做這份工作，我開始感覺比以前好多了。

於是，我下定決心，即使我不喜歡這份工作，也要假裝喜歡做。接著，我有這個重大的發現：如果我假裝很喜歡自己的工作，就真的能做到某種程度的喜歡，我也發現當我做我喜歡做的工作時，我的工作效率就會提高很多。所以我現在很少加班。這種新的工作態度，使其他人都認為我是一個很好的員工。後來，有一位單位主管需要一位私人秘書，他就找到我——他說我很願意做一些額外工作而不抱怨，將會是一個非常好的秘書。這件事情證明心理狀態轉變可以產生的力量。對我來說，這是非常重要的一個發現，它為我創造奇蹟。

戈爾登小姐正是運用這種「假裝」哲學，它告訴我們要「假裝」自己很快樂：如果你「假裝」對工作有興趣，一點點假裝就會使你的興趣成真，可以使你很少緊張、憂慮和疲勞。

有一次，我不斷地被別人打擾，一位讀者給我來信我也沒回，跟別人約好的事情也沒有做，這裡那裡都是問題，那天所有的事情都不對勁，一件事情也沒做成，可是回到家裡的時候卻已經筋疲力盡，而且頭痛得非常厲害。

到了第二天，辦公室裡的一切事情都進行得非常順利。我完成的工作是前一天的四十倍，可是我回到家裡的時候，卻神采奕奕，你一定有過類似的經歷。

在這一點上，我們可以學到什麼？那就是，我們的疲勞經常不是由於工作本身，而是由於憂慮、緊張、不愉快。

你應該怎麼做？在這件事情上，你應該怎麼做？以下是一位打字小姐的故事——這位打字小姐在奧克拉荷馬州托沙城的一個石油公司工作。她每個月有幾天都得做一件你可以想像到的最沒意思的工作：填寫一份已經印好的有關石油銷售的報表，把各種統計資料填在上面。這件工作非常沒有意思。她為了提高工作熱情，就想出一個方法，把它變成一件非常有趣的工作。她是怎樣做的？她每天跟她自己競賽。她點出每天早上所填的報表數量，然後盡量在下午去打破前一天的記錄。結果怎麼樣？她比其他打字小姐要快很多，一下子就把很多沒意思的報表填完了。這樣做對她有什麼好處？沒有；得到升遷了嗎？沒有；得到感激了嗎？沒有；加薪了嗎？也沒有。可是她沒有使自己煩悶，也沒有使自己感覺疲勞，使她可以保持很高的興致，因為她盡最大的努力把一件沒有意思的工作變得有意思，她就可以節省更多的體力和精力，即使在她休息的時間，她也可以得到同樣的快樂。

我可以保證這個故事的真實性，因為我娶了那個女孩。

每個小時都跟你自己說一遍，你就可以指引自己去想很多勇敢而快樂的思想，也可以由此得到力量和平靜。跟自己多談值得感謝的事情，你就可以在頭腦裡充滿向上的思想。只要你的想法正確，就可以使任何工作不那麼討厭。

哈倫・霍華德曾經做出一個決定，結果使他的生活完全改變。他把一個很沒意思的工作變得很有意思。他的工作確實很無聊——在高中的福利社洗盤子、擦櫃檯、賣冰淇淋，其他男孩在玩球或是與女孩約會。哈倫・霍華德很不喜歡這份工作，但是他不得不做。於是他決定利用這個機會研究冰淇淋是怎麼做成的，裡面有些什麼成分，為什麼有些冰淇淋比較好吃。他研究冰淇淋的化學成分，結果他成為那所高中的化學課程奇才。他對食品化學非常感興趣，於是進入麻薩諸塞州立大學，專門研究食物與營養。後來，紐約可可交易所提供一筆獎金，舉行可可和巧克力應用徵文比賽，這是一次由所有大學生參加的公開徵文比賽，頭等獎竟然是哈倫・霍華德。

後來，他發現與之相關的工作不太好找，於是他在自己家的地下室設立一間私人實驗室。不久之後，當局通過一條新法案：牛奶裡面所含的細菌數量必須加以統計。於是哈倫・霍華德就開始為安荷斯城十四家牛奶公司統計細菌——為了完成這項工作，他需要再請兩位助手。

二十五年過去了，他怎麼樣了？那幾位從事食物化學實驗工作的先生們已經退休了，哈倫・霍華德也成為他那一行的領袖人物。當年從他手裡買過冰淇淋的一些同學，卻不乏窮困潦倒、失業在家者，有些還責怪政府，說他們一直沒有好機會工作。

如果哈倫・霍華德當初沒有盡力把一件很沒有意思的工作變得有意思，恐怕也沒有成功的機會。

每個老闆都希望自己的員工對工作感興趣，因為那樣他才可以賺更多的錢，可是我們且不管老闆要什麼，你要想想，對自己的工作有興趣，會對你有什麼好處？經常這樣提醒自己，這樣做可以使你從生活中得到加倍的快樂，因為你每天清醒的時間，有一半以上要花在工作上。如果你在工作上無法得到快樂，在其他地方更難找到快樂。

隨時提醒自己，對自己的工作感興趣，就可以使你找到快樂。要不停地提醒你自己，對自己的工作感興趣，就可以使你不再憂慮，最後可能會給你帶來升遷或加薪。即使事情的結果沒有你想像的那樣，至少也可以把你的疲勞減低到最低程度，使自己的精力更充沛。

消除疲勞、精力充沛的第二個技巧是：

假裝對工作感興趣。

放鬆你的肌肉

什麼心理因素會使坐著不動的工作者受到影響，使他們疲勞？是快樂嗎？是滿足嗎？都不是，當然不是這樣！而是煩悶、懊恨，一種不受欣賞的感覺，一種無用的感覺，過於匆忙、焦急、憂慮——這些都是使那些坐著工作的人筋疲力盡的心理因素。這些因素會使人容易罹患感冒，減少工作成績，而且會讓你在停止工作時帶著神經性的頭痛。

只用大腦不會使你疲倦。這個事實是否讓你很驚訝，它是一個非常重要的事實。

乍聽之下，這句話似乎非常荒謬，可是幾年前，科學家曾經試圖研究，人類的頭腦可以連續工作多久「工作效率降低」不會產生，這是科學上對疲勞的明確定義。令科學家非常驚訝的是，他們發現流過思考的大腦細胞的血液，毫無疲勞的跡象；但如果你從一個正在工作的工人的血管裡抽出血液，你就會從他的血液裡發現充滿「疲勞毒素」和各種廢物。但是如果你從愛因斯坦的腦部抽出一點血，即使是在一天的終了，也不會發現任何「疲勞毒素」。

如果只是討論大腦，它「在八個甚至十二個小時之後，工作能量還像開始的時候一樣迅速和有效率」，大腦是不會疲憊的。

讓你疲倦的原因是什麼？心理學家認為，我們感到的疲勞，多半是由精神和情感因素所引起的。英國最著名的心理分析家海菲德在他那本《權力心理學》中說：「我們感到的疲勞絕大多數是由於心理的影響。事實上，純粹由生理引起的疲勞很少。」美國著名的心理分析家布列爾博士說得更詳細，他說：「一個坐著工作的人，如果健康狀況良好，他的疲勞百分之百是受心理因素，也就是情感因素的影響。」

請你把所有正在做的事情停下來，現在就停下來，自己檢討一下：你讀這幾行字的時候，有沒有皺著眉頭？你是否覺得兩眼之間有一種壓力？你是否很輕鬆地坐在你的椅子裡？還是聳起肩膀？你臉上的肌肉是緊張還是放鬆？除非你的全身放鬆得像一個舊的破布娃娃一樣軟，否則這個瞬間就是在製造神經和肌肉的緊張，你是在為自己製造疲勞。

在勞心的時候，為什麼我們也會產生這些不必要的緊張？丹尼爾・喬斯林教授說：「我發現主要原因……是幾乎所有人都相信，越是困難的工作，越需要『用力』，否則成績就不夠好。」

所以，只要我們精神一集中，就皺起眉頭，聳起肩膀，要所有的肌肉都來「用力」。事實上，這對我們的思考沒有任何幫助。

如果你有這種精神上的疲勞，應該怎麼做？放鬆！放鬆！再放鬆！要學會在工作時放鬆一點。這很容易嗎？不，你恐怕得把你做了一輩子的習慣都改過來。但是花這種力氣不是白費的，因為這樣可以使你的生活產生革命性的變化。威廉・詹姆斯在他那篇題名《論放鬆情緒》的文章中說：「過度緊張、坐立不安、著急以及緊張痛苦的表情——這是一種壞習慣，不折不扣的壞習慣。」放鬆也是一種習慣，緊張是一種習慣，壞習慣應該消除，即使沒有好習慣，也要慢慢地養成。

消除疲勞、精力充沛的第三個技巧是：

放鬆你的肌肉，放鬆，放鬆，再放鬆。

四種良好的工作習慣

讓我們暈頭轉向的不是工作的大勞動量，而是我們不知道自己有多少工作、應該先做什麼。

拿走桌上所有的紙張，只留下和你手頭事務有關的

這樣你會發現你的工作更容易處理，也更有頭緒可尋。

一家紐奧良報紙的某位發行人曾告訴我，他的秘書幫他清理一下桌子，結果發現一架兩年來一直找不著的打字機。

如果桌子上堆滿信件、報告、備忘錄之類的東西，就足以使人產生混亂、緊張和焦慮的感覺。更糟的是，它會讓你覺得自己有一百萬件事情要做，可是根本沒有時間做，根本做不完。這種情緒會使你憂慮得患高血壓、心臟病和胃潰瘍。

芝加哥與西北鐵路公司的董事長羅西・威廉斯說：「一個書桌上堆滿文件的人，如果可以把他的桌

子清理一下，留下手邊等待處理的一些，就會發現他的工作更容易，也更實在。我把這種清理叫作處理家務，這是提高效率的第一步。」

如果你到華盛頓的國會圖書館，就會看到天花板上漆著十一個字，這是著名詩人波普寫的：

「秩序，是天國的第一條法則。」

賓夕法尼亞州立大學醫學院的約翰・斯托克教授，在美國醫藥學會全國大會上宣讀過一篇論文，題目叫作《生理疾病引起的心理併發症》。在這篇文章中，他在一項「病人心理狀況研究」的題目下列出四種良好的工作習慣，第一種是：一種必要或不得不然的感覺，好像必須做的事情永遠也做不完。

著名的心理治療專家威廉・山德爾博士，曾經用簡單的方法治癒一位病人。這位患者是芝加哥一家公司的高級主管，他初次到山德爾的診所的時候，非常緊張不安，面臨精神崩潰的危險。在就診之前，他的辦公室有三張大寫字台，他把全部時間都投入工作堆裡，可是事情似乎永遠做不完。當他與山德爾談過以後，回到辦公室的第一件事情就是清理出一大車的報表和文件，只留一張寫字台，事情一到就立刻辦完。於是，再也沒有堆積如山的公事威脅他，他的工作逐漸有起色，而且身體也恢復健康。

前美國最高法院大法官查爾斯・伊凡斯・休斯說：「人不會死於工作過度，卻會死於浪費和憂慮。」

區分事情的重要程度來安排工作順序

創辦遍及全美的市務公司的亨瑞·杜哈提說，無論他出多少錢的薪水，都不可能找到一個具有兩種能力的人。

這兩種能力是：第一，能思想。第二，能按事情的重要次序來做事。

查爾斯·盧克曼，從一個默默無聞的人，在十二年以內，變成培素登公司的董事長，每年十萬美元的薪水，還有一百萬美元的進項。他說他的成功原因是他具有亨瑞·杜哈提所說的幾乎不可能同時具備的那兩種能力。盧克曼說：「就我記憶所及，我每天早上五點起床，因為那個時候我的頭腦要比其他時間更清醒。這樣我可以比較周到地計畫一天的工作，按事情的重要程度來安排做事的先後次序。」

富蘭克林·白吉爾是美國最成功的保險推銷員之一，他不會等到早晨五點才計畫他當天的工作，他在前一天晚上就已經計畫好了。他為自己制定一個目標——一天賣掉多少保險的目標。如果沒有完成，差額就加到第二天，依此類推。

如果蕭伯納沒有堅持先做的事情就先做這個原則，他一輩子就只能做銀行出納而不會成為戲劇家。他擬定計畫，每天必須寫作至少五頁，他這樣工作了九年。

就連漂流到荒島上的魯賓遜都有一個按小時制定的計畫表。

當然，一個人不可能總按事情的重要程度安排計畫，但按計畫做事，絕對要比隨心所欲去做好得多。

遇到問題的時候，如果必須做決定，就當場解決，不要拖延

我以前的一個學生，已故的H・P・霍華告訴我，他在美國鋼鐵公司擔任董事的時候，開起董事會總要花很長的時間，會議要討論很多問題，但有結果的卻很少。最後，董事會的每位董事都得帶著一大包文件回家看。

後來，霍華先生說服董事會，每次開會只討論一個問題，然後做出結論，不耽擱、不拖延。這樣所得的決議也許需要研究更多的資料。但是，在討論下一個問題以前，這個問題一定可以形成決議。霍華先生告訴我，改革的結果非常驚人，也非常有效，所有的陳年舊帳都了結了。日曆上乾乾淨淨的，董事們也不必帶著大包文件回家，其他人也不再為沒有解決的問題而憂慮。

這是一個很好的方法，不僅適用於美國鋼鐵公司的董事會，也適用於你和我。

學會如何組織、分層負責、監督

很多商人都在自掘墳墓，因為他們不懂得怎樣把責任分攤給其他人，堅持事必躬親。其結果是，很多枝節小事使他手忙腳亂，他總覺得匆忙、焦慮和緊張。

一個經營事業的人，如果沒有學會怎樣組織、分層和監督，他很可能在五十多歲、六十出頭的時候死於心臟病。

我過去覺得分層負責非常困難，負責人如果不理想也會產生災難，但一個做上級主管的人如果想避免憂慮、緊張和疲勞，他必須這樣做。

消除疲勞、精力充沛的第四個技巧是：

養成良好的工作習慣。

克服失眠的五個技巧

如果你經常無法入睡，那是因為你「說」得讓自己罹患失眠。

如果你睡眠不好，你一定很憂慮吧？但是你也許不知道，國際知名的律師山繆・安特梅爾一輩子沒有好好睡過一天覺。

他上大學的時候，最難受的是兩件事情：氣喘和失眠。他這兩種病都很嚴重，幾乎沒辦法治好。於是他決定退而求其次，失眠時不在床上翻來覆去，而是下床讀書。

結果，他在班上每門功課成績都名列前茅，成為紐約市立大學的奇才。

他成為律師以後，失眠仍然困擾他，但是他一點也不憂慮。他說：「大自然會照顧我。」事實確實如此，他雖然每天睡眠很少，健康狀況卻一直良好，他的工作成績超過同事，因為別人睡覺的時候，他還是清醒的。

他在二十一歲的時候，年薪已經高達七萬五千美元。一九三一年，他在一件訴訟案中得到的酬勞是歷史上律師收入的最高紀錄：一百萬美元。

但是失眠仍然無法擺脫。他晚上有一半時間用於閱讀，清晨五點就起床。大多數人開始工作的時候，他一天的工作差不多已經做完一半。

他一直活到八十一歲，一輩子卻難得有一天睡得很熟。但是他沒有為失眠而焦慮煩躁，否則他這一輩子已經毀掉了。

我們的一生，有三分之一的時間花在睡眠上，可是沒有人知道睡眠究竟是怎麼回事。我們只知道睡覺是一種習慣，是一種休息狀態。但是我們不清楚每個人需要幾個小時的睡眠，更不清楚我們是不是非要睡覺不可。

也許難以令人置信，在第一次世界大戰期間，一個名叫保羅・柯恩的匈牙利士兵，腦前葉被子彈打穿。傷癒後，他再也無法睡眠，而且不覺得困倦。

所有的醫生都說他活不長了，但是他證明醫生的話沒有道理，他找到一份工作，健康生活了許多年。有時候，他會躺下閉目養神，卻從來不能進入夢鄉。

他的病例是醫學史上的一個謎，也推翻我們對睡眠的許多傳統看法。

睡眠時間可能因人而異。著名指揮家托斯卡尼亞每晚只睡五個小時，柯立芝總統每天卻要睡十一個小時。

為失眠而憂慮所產生的損害遠遠超過失眠本身。我的一個學生伊拉・桑德勒，就幾乎因為嚴重的失眠而自殺。

以下是他的故事：

最初我睡眠很好，鬧鐘都吵不醒，結果每天早上上班都遲到。老闆警告我：如果再睡過頭，就小心丟了工作。

我的一個朋友向我建議，在睡覺時把注意力集中到鬧鐘上，結果那該死的滴答滴答的聲音纏著我不放，讓我整夜睡不著，翻來覆去，焦躁不安。

到了早晨，我幾乎不能動了。就這樣，我受了兩個月的折磨，我想我一定會精神失常。有時我會走來走去轉上幾個鐘頭，甚至想從窗戶跳出去一死了之。

最後，我找了一位醫生。他說：「伊拉，我無法幫助你。如果每天晚上上床之後不能入睡，就對自己說：『我不在乎睡得著睡不著，就算醒著躺一夜，也可以得到休息。』」

我依照他的話去做，不到兩個星期，就可以安穩入睡。不到一個月，我的睡眠就恢復八小時，精神上也沒有痛苦。

使伊拉・桑德勒受到折磨的不是失眠，而是失眠引起的焦慮。

芝加哥大學教授納瑟尼爾・克萊特曼博士，是睡眠問題的專家。他說那些為失眠憂慮的人經常獲得的睡眠比自己想像的要多得多。那些對天發誓說「昨晚眼睛都沒閉一下」的人，實際上可能睡了幾個鐘頭。

舉例來說，十九世紀著名的思想家史賓塞，到老年仍然是獨身。他住在寄宿宿舍，每天都在談論自己的失眠問題，弄得別人煩得要命，他甚至在耳朵裡戴上耳塞來抵禦外面的吵鬧，有時候甚至依靠吃鴉片來催眠。

一天晚上，他和牛津大學教授塞斯同住旅館的一個房間，次日早晨史賓塞說他整夜沒睡著，其實塞斯一宿沒有闔眼，因為史賓塞的鼾聲吵了他一夜。

想要安穩地睡一覺的第一個必要條件就是要有安全感。大衛・哈羅・芬克博士曾經寫過一本書，叫作《消除神經緊張》，提出和自己身體交談的方法。

他認為，語言是一切催眠法的主要關鍵。如果你要從失眠狀態中解脫出來——你就對你身上的肌肉說：「放鬆，一切放鬆。」眾所周知，肌肉緊張時，你的思想和神經就不可能放鬆。所以，如果我們想要入睡，就要從放鬆肌肉開始。然後，為了同樣的理由，把幾個小枕頭墊在手臂底下，使自己的下顎、眼睛、手臂和雙腿放鬆，我們就會在還不知道是怎麼回事之前入睡。

另一種治療失眠的有效方法，就是使你自己疲倦。你可以去種花、游泳、打網球、打高爾夫球、滑雪……這是著名作家德萊塞的做法。他當年還是一個為生活掙扎的年輕作家時，也曾經為失眠憂慮過。於是，他到紐約中央鐵路去找了一份鐵路工人的工作。

做了一天打釘和鏟石子的工作之後，就疲倦得甚至無法坐在那裡把晚飯吃完。假如我們十分疲倦，即使我們是在走路，大自然也會強迫我們入睡。

當一個人完全筋疲力盡之後，即使在打雷或戰爭的恐怖和危險之下，也可以安然入睡。著名的神經科醫生佛斯特．甘迺迪博士告訴我，一九一八年，英國第五軍撤退時，他就見過筋疲力盡的士兵隨地倒下，睡得就像昏過去一樣。

雖然他用手撐開他們的眼皮，他們仍然不會醒來，他們的眼球都在眼眶裡向上翻起。「從此以後，只要我睡不著的時候，就把我的眼珠翻成那個樣子。我發現，不到幾秒鐘，我就會開始打哈欠，睡意沉重，這是一種我無法控制的自然反應。」

從來沒有人會用不睡覺來自殺。無論他有多強的控制力，大自然都會強迫一個人入睡。我們可以長久不吃東西、不喝水，卻無法不睡覺。

亨利．林克博士是心理問題公司的副總裁，他曾經和很多憂慮而頹喪的人談過。在《人的再發現》一書中的《消除恐懼與憂慮》一章裡，他談到他曾經對一個一心想自殺的人說：「反正你是要自殺的，你至少也要像一個英雄──繞著這條街跑到你累死為止吧！」

他果然去試了，不只是一次，而且試了幾次。每一次都使他覺得好受一些。到了第三天晚上，林克博士終於達到他最初想要達到的目的──這個病人由於身體疲勞（在身體上也放鬆了），使他睡得很沉。後來，他參加一個體育俱樂部，參加各種運動項目，不久就想要永遠活下去了。

所以，想要不被失眠困擾，不為失眠而憂慮，請記住以下五個規則：

（一）如果你實在無法入睡，起來工作或看書，直到有睡意為止。

（二）從來沒有人因為缺乏睡眠而死。

（三）使你入睡的最好方法之一就是祈禱。

（四）保持全身放鬆，看一看《消除神經緊張》那本書。

（五）使你自己的體力勞累到疲倦的程度，這也是一種很有用的方法。

消除疲勞、精力充沛的第五個技巧是：

運用五個規則來克服失眠。

附錄

人性的輝煌

How to Stop
Worrying and Start Living
Carnegie

林肯外傳

奮鬥的歷程

林肯十五歲的時候開始認字母，雖然非常吃力，但總算還可以閱讀，至於寫作的能力，根本就談不上。

一八二四年的秋天，一位在森林中漂泊的阿策爾・朵西教師沿著鴿子溪來到這片墾殖地，設立私塾。林肯姐弟每天都要走四英里的森林小路，到阿策爾・朵西老師的私塾中上課。朵西老師認為只有大聲地朗讀，才可以看出學生是否認真。他在教室裡走來走去，誰要是不開口，就用教鞭打誰。所以，每個學生都盡可能念得比別人聲音更大。朗朗的讀書聲在四分之一英里以外都可以清楚地聽到。

林肯上學的時候，戴一頂松鼠皮帽子，穿著鹿皮製的馬褲。馬褲短得距離鞋面還有一些距離，以至於好幾英寸發青的脛骨就裸露出來，任憑風吹雨淋。上課的小屋又矮又粗糙，老師幾乎不能站直腰，教室的四面各省去一根圓木，罩上一層油紙當作窗戶。地板和座位則是由圓木劈開而做成的。

當時的閱讀教材以《聖經》章節為主，並且用華盛頓和傑佛遜的筆跡作為練字的範本。林肯的字體既清晰而且和這兩位總統的字體很相像，不僅引得眾人議論紛紛，連不識字的鄰居都步行幾英里路來請亞伯拉罕・林肯來幫他們寫信。

林肯對於求學逐漸地熱衷，上課的時間太短，他就把功課帶到家裡做。紙張又貴又稀少，因此他就用炭棒代替筆在木板上書寫。由於木屋是用劈開的圓木而築成的，他就利用圓木扁平的一面來做算術，當光禿禿的表面布滿字跡和圖形之後，就用刀削去一層，又可以重新使用。

因為家境貧寒，買不起算術書，於是向別人借一本，用信紙大小的紙片抄寫下來，然後再用麻線把它們縫合在一起，做成一本自製的算術書。在林肯去世時，他的繼母手中還留有部分這種書頁。

在上學期間，他開始表現出與眾不同的特質。他不僅想寫出自己的意見，有時候甚至還寫起詩來，並且把自己的「作品」拿去給他的鄰居威廉・伍德請他指教。他記誦詩句，然後再背給別人聽，他寫的文章更是引人注目。有一位律師對他談論國政的文章印象很深，幫他尋求發表的機會。俄亥俄州的一份報紙就曾刊出過一篇林肯所寫的關於「克己」的文章。

這些事情都是後來的事情。他在學校裡寫的第一篇作文，是在看了夥伴們玩的遊戲很殘忍有感而發所寫的。他和朋友們經常一起去抓甲魚，他的朋友捉到甲魚之後，就把燃燒的煤炭放在甲魚的背上，以此來取樂。林肯求他們不要這樣做，並且光著腳把煤炭踢開。他的第一篇文章就是為動物請命而寫的。足見他自幼就顯示特殊的憐貧恤苦之心。

五年以後，他以不定期上課的方式在另一所學校求學——他自稱那是「一點一點學的」。他所受的正規教育也就到此結束，總計起來上學的日子，只有十二個月左右。直到一八四七年他當選國會議員時，填寫自傳表，在「你教育程度如何」一欄內，他的回答是「不全」兩字。

他在被提名為總統候選人之後，曾經說：「我在有相當年紀時，所知不多。但是我可以讀、能寫、略懂算數，如此而已。此後我就沒有再上學。在如此貧乏的教育基礎上，我可以達成現在這一點小成果，完全是日後在基於需要的情況下，隨時自修取得的知識。」

曾經當過林肯的老師的人，則都是一些相信地球是呈扁平狀、信仰巫術的無知流浪教員。但是林肯在斷斷續續的求學過程中，養成人類最珍貴的特質——甚至大學教育的目的也不過如此——對知識的熱愛，對學問的渴求。

學會閱讀，使得林肯見到另一個新的神奇世界——一個他從未夢想過的世界進而改變他的整個人生。他的視野闊大，有夢想，而且二十多年間，閱讀始終是他生命中最熱愛的事情之一。他的繼母為他們帶來五冊藏書：《伊索寓言》《魯賓遜漂流記》《聖經》《天路歷程》以及《水手辛巴達》。小林肯將它們視為無價珍寶，認真地精讀。他把《聖經》和《伊索寓言》放在伸手可及的地方，反覆閱讀，無論他的說話方式、文風、提出的論點都深受這兩本書的影響。

除了這些書之外，他渴望有更多讀物，但卻無力購置，只好向別人借閱書、報和其他印刷品。他沿著俄亥俄河往下走，向一位律師借閱修訂版的《印第安那法典》，接著，又嘗試閱讀《獨立宣言》和《美國憲法》。

他向一個經常請他幫忙掘樹樁、種玉米的農人借了兩三本傳記，威姆斯牧師寫的《華盛頓傳》正是其中的一本。林肯看到此書時，很是著迷，傍晚總是盡量利用日光看到很晚。臨睡時，他把書塞在圓木縫裡，當第二天日光一照進小屋，就拿起來繼續看。有一天晚上下起暴雨，書本被浸濕了，書的主人不願意甘休，林肯只得以割捆三天的草料來做賠償。

在他所借的書之中，最有價值的莫過於《史考特教本》。這本書教他如何公開發言，引導他認識莎翁名劇中的精彩演說和西塞羅與狄摩西尼（古希臘的雄辯家）。他經常捧著《史考特教本》，在樹下走來走去，朗讀哈姆雷特對伶人的吩咐，複述安東尼在凱撒遺體前的演說：「各位朋友，羅馬同胞，鄉親們，請聽我說一句話：我來是要埋葬凱撒，而不是來讚美他。」

只要讀到特別吸引他的段落時，如果手邊沒有紙張，他就用粉筆寫在一塊木板上。後來，他自己做了一本粗陋的剪貼簿，寫下所有他喜歡的句子，隨身攜帶，仔細研讀，很多長詩和演講詞就這麼背會了。

下田工作的時候，他就把書本帶在身邊，馬兒躲在穀堆後面休息，他就坐在圍牆頂欄上看書。中午他不與家人一起進餐，只是一手拿著玉米餅，一手捧書，兩手高舉過頭，看得入神。

法庭開會期間，林肯就徒步走十五英里的路程，到河邊的城鎮上聽律師的辯論。跟別人一起下田的時候，他偶爾會放下鋤頭或草耙，爬到圍牆上複述他在布恩維爾或洛克港律師那裡聽來的話。除此之外，他還模仿過頑固的浸信派牧師，星期日的時候，在小鴿溪教堂裡發表演講。

林肯把《奎恩笑話集》也帶到田間。當他跨坐在圓木上朗讀的時候，聽眾的轟然笑聲響徹森林。但是這麼一來，穀物中間雜草叢生，田裡的小麥也發黃了。

雇用林肯的農夫抱怨他太懶，「懶得可怕」。他坦承這種指責。他說：「家父只教導我幹活兒，可是沒有教導我喜歡它。」林肯的父親老湯姆終於斷然命令：一切蠢行必須停止。可惜命令沒有產生效用，林肯繼續說笑演講。有一天老湯姆當著眾人的面，打了林肯一個耳光，把他打倒在地。林肯哭了，但是他沒有說什麼。父子之間的隔閡從此產生了，並且終生沒有改善。林肯雖然曾經在父親晚年時資助他，可是一八五一年，老湯姆臥病垂危時，林肯沒有前去看望。他說：「如果我們現在碰頭，恐怕不僅不太愉快，反而會很痛苦。」

一八三〇年的冬天，「牛乳症」再度蔓延，死亡的陰影籠罩印第安那州的鹿角山谷。喜歡搬家的老湯姆感到既害怕又灰心，慌忙處理豬和穀物，將長滿樹樁的田地以八十元的價格出售，建造一輛笨重的篷車，這是他擁有的第一輛車子，將家人和家具全部搬上車，吩咐林肯執皮鞭，對公牛吆喝幾聲，就動身前往伊利諾州的一處山谷。印第安人稱該地為山嘉蒙，即是「糧食豐富的土地」的意思。

公牛慢慢前進，笨重的篷車不斷發出吱吱嘎嘎的聲音，翻越印第安那州的山丘，穿越密林，橫渡無人居住的荒涼伊利諾草原，在夏季驕陽炙烤之下，他們在長滿六尺高枯萎黃草的荒原上，足足走了兩星期。抵達文生尼斯，二十一歲的林肯第一次見到印刷廠。一家人到達狄卡特之後，在法院廣場上搭營。二十六年之後，林肯指著當年停放篷車的地點說：「那個時候，我真想不到自己會有當律師的智慧。」

林肯先生曾經向我描述那次遠行的經過。那個時候，路面上的冬霜白天融化，晚上凍結，走起來又慢又累人，再加上牛同行，一步踩破一塊薄冰，行程更是艱辛。河上沒有橋，除非繞路，否則就非涉水不可。有一天，搖擺在車後隨行的小狗脫隊了，直到所有人都過河了，牠還站在對岸，慌得亂叫亂跳，望著水流過破冰邊緣，卻不敢過河。此時，所有人都急著趕路，不願意再涉水回去，於是決定拋下牠，繼續向前走。林肯回憶說：「但是我連一隻狗都不忍心拋棄。於是我脫下鞋襪，涉水過溪，得意洋洋地夾著發抖的牲畜趕上隊伍。儘管吃足苦頭，但是小狗各種感恩的表現和快樂，讓我覺得很值得。」

在公牛拖著林肯一家穿過草原的同時，國會裡正在激烈地辯論：州政府有沒有權利退出聯邦政府。其間，丹尼爾・韋伯斯特從參議員席起立，用低沉嘹亮的聲音發表一篇日後被林肯視為「美國最堂皇的演說範本」。那次演說名叫「韋伯斯特答海涅書」。後來，林肯將它的結尾奉為政治信仰：「自由和團結永遠是一體而不可分割的！」

誰也沒有想到，美國的分裂問題在三十多年之後才得到解決，而且也不是由才華橫溢的克萊，偉大的韋伯斯特或是著名的考宏達成的，而是由一個笨手笨腳、沒有名氣，當時正趕著牛前往伊利諾州的小夥子林肯，完成美國的統一大業的。而現在他正頭戴樹狸帽，身穿鹿皮褲子，起勁地唱著：「萬歲！哥倫比亞，快樂的園地！你如果不願意開懷暢飲，我真是罪過。」

失敗是成功的起點

林肯卓越的說故事能力和源源不絕的幽默感，令人難以忘懷。如果當時他娶的是安妮・魯勒吉，他很可能就會幸福一生，但是他不會當總統。他無論思想還是行動都是慢吞吞的，安妮也不是那種會逼他爭取功名的女人。反之，瑪麗・陶德一心想住進白宮，剛嫁給林肯沒有多久，就慫恿他爭取自由黨的國會議員候選人的提名。

當然，競選是非常殘酷激烈的，林肯的政敵因為他不屬於任何一個教會，指責他為異教徒，又因為他跟高傲的陶德和愛德華家族聯姻，認為他是財閥和貴族的工具。這些罪名雖然可笑，但卻足以給林肯的政途帶來一些傷害。

他對批評者答辯：「我到春田以後，只有一個親戚來看過我，他還未出城就被控偷竊口風琴。如果這也可以算是貴族世家的一份子，我當之無愧。」林肯敗選了，這是他政治生涯中所遇到的第一次逆流。

兩年之後林肯再度出馬，終於當選了。瑪麗欣喜若狂，她認為林肯的政治生命正要開始。她訂購一件新的晚禮服，並且練習法文，等她的丈夫一到華府，就立刻寫信給「可敬的亞伯・林肯」，她也希望住在華盛頓。她渴望躋身社交名流之列。可是當她到東部與丈夫會合之後，才發現實情與她的期望完全不同。林肯太窮了，在還沒領到政府的第一張薪水支票之前，不得不先向史蒂芬・道格拉斯借錢來開銷，因此林肯夫婦只得暫住在杜夫格林街史布里格太太的宿舍。宿舍門前的街道未鋪石板，人行道由灰土和砂石構成，房間陰森森，也沒有水管設備。後院裡有一個鵝欄、一棟小屋和一個菜園，鄰居們養的豬經常闖進來吃青菜，史布里格太太的小兒子時不時地拿著木棍跑出去趕牲畜。

在當時的華盛頓，市政府沒有為市民收垃圾的服務，所以堆積在後巷裡的廢物，也就全靠滿街亂跑的豬、牛、鵝來吃光，來幫助他們收垃圾。

華盛頓的社交圈相當排外，林肯太太根本不被接納。她受到冷落，孤零零地坐在淒冷的臥室中，與嬌縱的兒子為伴，經常鬧頭疼。特別是在聽到史布里格太太的兒子大聲地把豬趕出捲心菜圃時。此情此景雖令人失望，但是與當時潛伏的政治風險相比起來，也算不了什麼。

林肯進入國會的時候，美國正在與墨西哥打一場為時二十個月的戰爭——這是一場可恥的侵略戰爭，由國會中主張蓄奴的人故意掀起，希望讓奴隸制度推及更多的地方，選出贊成蓄奴的參議員。

美國在那場戰爭中得到兩項利益：原本屬於墨西哥的德州割讓給美國，而且奪取墨西哥的一半領土，改設亞利桑那州、新墨西哥州、內華達州、加州。格蘭特曾經說，這是一場歷史上數一數二的邪惡戰爭，他不能原諒自己也參加打仗。許多的美國軍人都倒戈投向敵方；聖塔安那軍中則有一營軍隊完全是由美國逃兵組成的軍隊。

和其他的自由黨人一樣，林肯在國會中大膽發言：他譴責總統發起一場「掠奪和謀殺的戰爭，搶劫和不光榮的戰爭」，宣布上帝已經「忘記保護無辜的弱者，容許凶手和強盜以及來自地獄的惡煞肆意屠殺男人、女人和小孩，使這塊正義之土飽受摧殘」。

林肯是一個默默無聞的議員，華府對他的演說置之不理，但是在春田市卻產生很大的影響。伊利諾州有六千人從軍，他們相信自己是為了神聖的自由而戰，現在他們選出的代表在國會中說這些軍人是地獄來的惡煞，是凶手。激動的黨人公開集會，指責林肯「怯懦」「卑賤」「不顧廉恥」。

聚會的時候，所有人一致決議，宣稱他們從來沒有「見過林肯做過這麼丟臉的事」「對勇敢的生還者和光榮的殉國者濫施惡名只會激起每位正直的伊利諾人的憤慨」。這股恨意鬱積十幾年，直到十三年之後，在林肯競選總統時，還有人用這些話來攻擊他。

林肯對合作律師說：「我等於是政治自殺。」此刻，他怕返鄉面對選民，他想謀求「土地局委員」的職位留在華盛頓，但是沒有獲得成功。他想叫人提名他為「俄勒岡州長」，希望在該州加入聯邦時，成為首任參議員，但是這件事情也以失敗而告終。

於是，他又回到春田市那間髒兮兮的律師事務所，再一次將愛駒「老公鹿」套在搖搖欲墜的小馬車前面，駕車巡迴第八司法區。他成為全伊利諾州最無精打采的人，他決心放棄政治，專心投入他從事的法律工作。

林肯為了訓練自己的推理和表達能力，買了一本幾何學，每次騎馬出巡的時候就隨身攜帶，以方便自己隨時都可以讀。亨頓在《林肯傳》中說：

「我們住鄉下小客棧時，經常都共睡一張床。床鋪總是短得不能配合林肯的高度，因此他的腳就懸在床尾板外頭，露出一小截脛骨。即使如此，他仍然把蠟燭放在床頭的一張椅子上，連續看好幾個鐘頭的書。和他同室的幾個人已經熟睡了，他仍然以這種姿勢苦讀到凌晨兩點。每次出巡，他都這樣手不釋卷地研究。後來，六冊歐氏幾何學中的所有定理他都可以輕鬆地加以證明。」

幾何學讀通之後，他又開始研究代數，接著又讀了天文學，後來甚至寫了一篇談語言發展的演講稿。但是，他最感興趣的還是莎翁的名作。在紐沙勒時傑克・基爾梭為他養成的文學嗜好現在依然保存著。

攀登勝利的頂峰

世人從來沒有聽到過這樣大的鬧嚷聲，這真是最精彩的一刻。

一八六〇年春天，新成立的共和黨在芝加哥開會，要提名總統候選人，誰也沒有想到亞伯拉罕・林肯還會有機會上榜。就在不久以前，他自己還寫信給一位報社編輯：「坦白說，我認為自己不適宜當總統。」

當時，所有人一致看好英俊的紐約客威廉・西華德。前往芝加哥的代表，在火車上試驗投票，結果西華德得到的票數是其他候選人加起來的兩倍。許多車廂中根本沒有一張票是投給亞伯拉罕・林肯的。某些代表有可能還不知道有這麼一個人。

大會正好與西華德五十九歲生日同一天召開。他相信自己將會獲得提名，並且以此作為自己的生日賀禮。他信心十足地與國會參議院的同事們道別，邀請親密的好友到紐約奧本城的家裡參加慶祝大宴，並且還租好一門禮炮，裝上子彈，朝天空翹起，拖進前院，準備屆時向鎮民報喜訊之用。

如果大會從星期四晚上開始投票，那門禮炮一定會發射，美國的歷史也會被改寫。可是，為了等計票所需的紙張，那位負責發票的印刷員在前往會場途中，大概停下來喝一杯啤酒吧！總之，他遲到了，結果星期四晚上所有在座者全部坐在那裡等待。大廳中蚊蟲猖獗，又熱又悶，饑渴交加的代表們決定推遲到第二天早晨的十點再開會。

中間耽擱的十七個小時，雖然時間不是很長，但是足以毀掉西華德的前途，把林肯扶上寶座。西華德的垮台主要應該歸咎於霍勒斯・格里利。此人外形古怪，淺色的頭髮稀稀軟軟，腦袋圓得像甜瓜，領帶歪七扭八，領結偏到左耳下面。

格里利不是真心擁護林肯，而是他心存怨毒，跟威廉・西華德和西華德的經理人瑟洛・威德過不去。

格里利曾經和他們兩人並肩作戰十四年，他幫助西華德當上紐約州州長，又扶助他當選國會參議員，他也曾經大力幫助威德。

但是，格里利的奮鬥和苦戰，除了換來冷眼以外，幾乎什麼都沒有得到。他想當紐約市的郵政局長，威德不願意推薦他。他想當一位州政府的印刷員，威德把那個職位佔去。他想當州長或副州長，威德不僅拒絕，並且還說了許多十分絕情的話。最後，格里利實在不能再忍了，就寫了一封長信給西華德，每一段都飽含怨恨的惡毒字句。

這封信是一八五四年十一月十一日星期六晚上寫的，此時已經是一八六〇年，格里利苦等了六年，報復的機會終於到來了。共和黨提名大會在芝加哥舉行，休會的那個星期四晚上，他徹夜未眠，逐一拜訪每個代表團，說之以理、動之以情，更兼威脅利誘，一直由日落跑到天亮。他主持的《紐約論壇報》銷路遍及北方，比其他的報紙更具影響力。他也算是一個名人，所到之處，人們都願意靜下來聽他說話。

他由多個角度提出論據，指出西華德曾經一再抨擊共濟會：一八三〇年依靠反共濟會的票源當選為州參議員，結果造成長遠而廣泛的不平。後來，西華德擔任紐約州州長的時候，贊成廢掉公立小學基金，主張為外國人和天主教徒分別設立學校，結果又引起另一番熊熊的憎恨之火。格里利指出，往日強大的「無知派」曾經強烈反對西華德，寧願投票給一隻獵犬，也不會投給西華德。不僅如此，格里利還指出這位「奸詐的鼓動者」一向過於躁進，曾經提出「血腥計畫」，說要制定高於憲法的法規，把邊境各州的人都嚇壞了，他們一定會反對此人。

格里利保證說：「我可以帶邊境各州的州長候選人來見你們，他們會證實我的話。」他說到做到，把群眾的情緒都鼓動起來。印第安那州的州長和賓夕法尼亞州長候選人，握拳怒目地說他們這個州一定不會支持西華德，共和黨必定將會慘敗。

共和黨覺得：如果想要勝利，一定要穩住這幾個州的票源。但是突然間，擁護西華德的人潮開始退卻。林肯的朋友們依次拜訪各個代表團，勸那些反對西華德的人一起來支持林肯。他們說民主黨一定會提名道格拉斯，全國沒有人比林肯更適合迎戰道格拉斯，他的準備最周全，應付起來駕輕就熟，何況林肯是肯塔基人，他可以在立場不明的邊境各州贏得選票。而且他也是西北方最受歡迎的候選人，他從劈木條、墾草皮奮鬥起家，最瞭解民眾。

如果這些論點行不通的時候，他們就改用其他說辭。他們以答應讓卡勒布・B・史密斯在內閣任職，說服印第安那州的代表們，又保證西蒙・卡梅倫會坐在林肯的右首，因此爭取到賓夕法尼亞州的五十六張代表選票。

星期五早晨，投票開始了。四萬人湧進芝加哥，急著等候那興奮的一刻。一萬人擁進會議廳，三萬人在外面的街上徘徊，竭力想擠進裡面去。第一次投票，西華德領先，第二次，賓夕法尼亞州投了五十二票給林肯，情形逆轉了。第三回，林肯勢如破竹。

廳裡的一萬人興奮得如癡如醉，大喊大叫，跳上椅子，將帽子往彼此頭上砸。屋頂上禮炮響了，留在街上的三萬人也齊聲喊叫。男人互相擁抱亂舞，又哭又笑又叫。屈蒙特賓館的一百只槍炮冒煙發射，上千的鈴鐺也熱鬧地響起來，輪船、火車頭、工廠的汽笛全部打開了，而且全天開放。

這陣興奮持續二十四小時。《芝加哥論壇報》宣稱是：「自從耶利哥的城牆倒塌以來，世人從未聽過這麼大的喧嚷聲。」全城欣喜若狂，霍勒斯·格里利看見以前趾高氣揚的瑟洛·威德心酸地落淚，格里利終於報了舊仇。

此時，春田市的情形如何？那天早晨，林肯與往常一樣照舊到律師事務所處理案子的資料。但是，他心緒不寧，無法專心，遂將文件推開，到一家店鋪後面去玩了幾分鐘的球，然後打一兩局撞球，再到《春田日報》去聽消息。

電報局就在報社的樓上，林肯正坐在一張太師椅上討論第二次投票的成績，電報員突然衝下來叫道：「林肯先生，你獲得提名了！你獲得提名了！」林肯的面孔泛紅，下唇微微顫抖，屏息數分鐘，這真是最精彩的一刻。

經過十九年淒涼的慘敗，他突然被捧上令人炫目的勝利高峰。男人在街上跑來跑去，大聲地互傳消息。幾十位老友們就圍著林肯又笑又嚷，與他握手，將帽子拋到空中，興奮狂喊。鎮長下令發射一百響禮炮。

林肯不得不哀求說：「夥伴們，請原諒，第八街還有一個小婦人等著聽這個消息！」他飛奔而去，任憑外套的下擺在身後晃動。春田市的街道上燃起柏油桶和木籬燒成的慶祝火焰，滿鎮紅光，餐廳通宵營業。

偉大的總統

一八三一年六月的一天，在美國的南方城市——紐奧良的奴隸拍賣市場上，一排排黑人奴隸戴著腳鐐手銬站在那裡，他們都被一根根粗壯的繩子捆綁在一起。奴隸主們一個跟著一個走過來，像買騾子買馬一樣仔細打量他們，有時還走上前拍拍他們的大腿，摸摸他們的胳膊，看看他們長得是否肌肉發達，身體結實，幹活的時候有沒有力氣。奴隸主們用皮鞭毒打黑奴，還用燒紅的鐵條烙他們。這個時候，幾位北方來的水手走過來，他們都被眼前的悲慘景象驚呆了。其中一個年輕人憤怒地說：「太可恥了！如果我有機會，一定要把奴隸制度徹底打垮。」

說話的這人名叫亞伯拉罕•林肯，也就是後來的美國總統，真的實現這個偉大的抱負。小時候，家裡很窮，他沒機會上學，每天跟著父親在西部荒原上開墾勞動。他自己說：「我一生中進學校的時間，加在一起總共不到一年。」

不管做什麼，他都非常認真負責，誠懇待人。他當鄉村店員時，有一次，一個顧客多付幾分錢，他為了退還這幾分錢，竟然追趕十幾里的路。還有一次，他發現少給了顧客二兩茶葉，跑了幾里路把茶葉送到那個人家中。所以，他每到一處，都受到周圍的人們的喜愛。林肯青年時就痛恨奴隸制度，因為他當水手時，多次運貨到南方，親眼目睹奴隸主的野蠻殘暴和黑奴遭到的殘酷折磨。他擔任議員之後，經常發表演講，抨擊蓄奴制，在群眾中有很大的影響。一八五四年，美國共和黨成立，因為這個黨主張廢除奴隸制，所以林肯就參加了，兩年以後，他在第一次全國代表大會上被提名為副總統的候選人。他在競選演說中說：「我們為爭取自由和廢除奴隸制度而鬥爭，直到我國的憲法保證言論自由，直到整個遼闊的國土在陽光和雨露下勞動的都是自由的工人。」

一八五八年，林肯在參加伊利諾州參議員競選時，發表一篇題為《裂開的房子》的演說，把南北兩種制度並存的局面比喻為「一幢裂開的房子」。他說：「一幢裂開的房子是站不住的，我相信這個政府不能永遠保持半奴隸、半自由的狀態。」林肯的演說語言生動、深入淺出，表達北方資產階級的要求，也反映全國人民群眾的願望，因此贏得相當大的聲譽。

一八六〇年，林肯當選為美國總統。林肯當選，對南方種植園主的利益構成嚴重的威脅，當然他們不願意一個主張廢除奴隸制的人當總統。因此，為了重新奪回他們長期控制的國家領導權，他們在林肯就職之前就發動叛亂。一八六〇年十二月，南方的南卡羅來納州首先宣布脫離聯邦而獨立，緊接著佛羅里達、密西西比等蓄奴州也相繼脫離聯邦。

一八六一年二月，他們宣布成立一個「美利堅邦聯」，推舉種植園主傑佛遜・戴維斯為總統，並且制定憲法，宣布黑人奴隸制是南方聯盟的立國基礎：「黑人不能和白人平等，黑人奴隸勞動是自然的、正常的狀態。」

一八六一年四月十二日，南方聯盟不宣而戰，迅速攻佔聯邦政府軍駐守的薩姆特要塞。林肯不得不宣布對南方作戰。林肯不主張用激烈的方式廢除奴隸制度，他主張以和平的方式，先限制奴隸制，然後逐步廢除，最關鍵的是要維護聯邦的統一。在這種思想的支配之下，北方政府根本沒有進行戰爭的準備，只能倉促應戰，南方是蓄謀已久而且有優良的裝備和訓練有素的軍隊，所以雖然北方在很多方面佔有優勢，但還是被南方打得節節敗退，首都華盛頓也差一點被叛軍攻佔。

由於北方在戰場上的失利引起廣大人民的強烈不滿，所以許多的城市爆發示威遊行，要求政府採取措施扭轉戰爭的局面。這個時候，林肯終於意識到，想要打贏這場戰爭，就要調動農民的積極性，廢除農奴制、解放黑人奴隸。

一八六二年五月，林肯簽署《宅地法》，規定：每個美國公民只交納十美元登記費，就可以在西部得到一百六十英畝土地，連續耕種五年之後，就會成為這塊土地的合法主人。這個措施的實施，從根本上消除南方奴隸主奪取西部土地的可能性，同時也滿足廣大農民的迫切要求，大大激發農民奮勇參戰的積極性。

一八六二年九月，林肯又親自起草《解放黑奴宣言》的草案。一八六三年一月一日正式頒布，宣布即日起廢除叛亂各州的奴隸制，解放的黑奴可以應召參加聯邦軍隊。宣布黑奴獲得自由，從根本上瓦解叛軍的戰鬥力，也使北軍得到雄厚的兵源。內戰期間，直接參戰的黑人達到十八萬六千人，他們作戰非常勇敢，平均每三個黑人之中就有一人為解放事業獻出他們的寶貴生命。

這兩個法令的頒布成為南北戰爭的轉捩點，戰場上的形勢對北方越來越有利。

一八六三年七月一日～三日，雙方在華盛頓以北的蓋茲堡展開內戰以來規模最大的一次戰鬥。雙方激戰三天三夜，北軍重創南軍，使南軍損失三萬六千人。從此以後，北軍開始進入反攻，南軍只能防守。

同年七月四日，北軍又在維克斯堡大獲全勝。維克斯堡位於密西西比河上，是一個高出水面兩百英尺的懸崖，據守懸崖的叛軍居高臨下，可以用炮火直接威脅河上來往的船隻。如果從下面攻打這個要塞是很困難的。早在一八六二年年末，格蘭特就率軍在海軍的協助下幾次攻打這個要塞，但始終都沒有獲得成功。

一八六三年四月，格蘭特實施新的進攻計畫，先摧毀要塞周圍的各個據點，然後包圍維克斯堡，而且海軍也來助戰，從陸地和水上同時進攻，猛烈炮擊要塞，震耳欲聾的炮聲一直響了四十七天。七月四日，困守要塞的叛軍彈盡糧絕，被迫投降，北軍在這次戰鬥中總共俘虜兩萬九千叛軍。

緊接著，北方軍隊以秋風掃落葉之勢，迅猛追擊叛軍，一八六三年四月三日攻佔叛軍首都里奇蒙。四月九日，叛軍總司令羅伯特·李率殘部兩萬八千人在阿波馬托克斯小村向格蘭特投降。歷時四年的南北戰爭以北方的勝利而告終。

南北戰爭被稱為繼獨立戰爭之後的美國第二次革命。林肯成為黑人解放的象徵，但奴隸主卻對他非常仇恨。一八六五年四月十四日晚上，林肯在華盛頓的福特劇院裡看戲的時候，被南方奴隸主收買的一個暴徒刺殺。林肯的不幸逝世引起國內外的巨大震撼，美國人民深切哀悼他，有七百多萬人立在道路兩旁，在出殯的時候，行列致哀，有一百五十萬人瞻仰林肯的遺容。林肯是一位傑出的政治家，為推動美國社會向前發展做出巨大的貢獻，受到美國人民的崇敬。

思想的光輝

在生活中，我們不要為貧困所困擾，不要在困難面前退縮，要把握人生，在萬籟俱寂中，靜心觀察自我，要懂得閒暇時吃緊，忙裡偷閒，自我克制，並且與萬物同為一體，更不要為打翻的牛奶哭泣，要保持好的人品和良好心態。

熱情，人格的原動力

熱情是人格的原動力，如果沒有熱情，即使能力再強，你的能力也沒有一點用處。每個人都有超越一般能力的潛能。你雖然有知識、有堅實的判斷力，也有優秀的理論思考力，但是在你未能讓自己的思想和行動確實發揮功能之前，你將無法感受到自己有某些奇妙的能力。

住在俄亥俄州克里夫蘭的斯諾哈克，有一天回家的時候，看見最小的兒子狄姆在地板上跺腳和哭泣。第二天要上幼稚園的時候，突然顯得厭倦而不想去。如果是平時，斯諾哈克一定把他訓一頓，但是這一天，斯諾哈克判斷：要狄姆好好去上課，似乎是一件不可能的事情，因此他決定使用在卡內基處所學的方法。

首先他想：「如果我是狄姆，對幼稚園最期待的是什麼？」他和妻子把幼稚園裡可以讓小孩子快樂的事都一一列出，並且製成表格，表格擬定之後就要速戰速決。

斯諾哈克敘述：剛開始，我和妻子、大兒子三個人在餐桌上開始畫圖時，狄姆躲在屋子角落偷看我們。過了一會兒，他跑過來問：「我也可以一起畫嗎？」「不行，你必須先到幼稚園去上學。」接著我很熱情地把「幼稚園的快樂表」向狄姆進行詳細的說明。第二天早晨，當我到客廳時，看到狄姆已經坐在沙發上，我問他怎麼了，他說：「我在等上幼稚園的時間，我不想遲到。」

就這樣，一家人的熱情讓狄姆產生「無論遇到什麼事情，我還是想上幼稚園」的心理。因為，在孩子不想上學的這種情況下，只是依靠恐嚇、商量、責罵，無法產生任何什麼作用。

其實，成功的因素有很多，其中最重要的就是熱情。在電台與助理們聚會或美國巡迴演講時，我一直都在強調這句話。在談話中，回憶起自己的人生，感覺「熱情」就是我成功的鑰匙。

聽過我的演講之後，有許多人認為我並非一個雄辯家。其實，我可以從一開始就抓住聽眾的心，就是因為我內心散發出來的熱情。並且這種熱情，也經常被我導入授課的活動之中。看到來上課的學生有進步，我當然很高興。在下課之後，我也會和學生們到附近的自助餐廳，跟他們一起回憶進步的過程及感想。

「熱情」也可以說是一種人類的內在興奮。英語的熱情寫成enthusiasm，是由兩個希臘語結合而成的。en是英語的in，theos則是God的意思。所以，從字面上看，熱情的人也就是心中有神的人，這種內在的光輝藏在人類內心深處的熱心和精神資質中。

憑藉熱情積極參與團體的活動，可以帶來幸福與成功，尤其是在運動競技的場合。關於偉大足球教練比斯的球場生涯，諾曼比爾在《熱情——它為你帶來什麼？》的小冊子上寫道：比斯剛來到這個城市的時候，這裡的足球隊都在期待他，因為他們過去一直輸球，意氣很消沉。比斯來之後，眼光掃過每個人的臉，然後以穩定的口氣說：「各位，不久這裡將有一支很強的足球隊產生，我們以後就會連續贏球。但是你們要仔細聽著，封網的方法、跑的方法、踢球的方法。每一樣都要牢記在心，而且要把對方一個也不留地全部打倒，你們一定要記住。」

比斯繼續說：「我們要怎樣做？各位，首先要對我全心信任，並且在比賽時熱情以赴。今後我要你們做到，無論對於各位的家庭、宗教或是我們的足球隊，你們都必須依照我所說的注入你們的熱情。」聽了教練的話，隊員們立刻從座位上挺起胸來。

後來，隊中的守門員寫道：「當教練說完話時，我發現自己的背部伸長三公分。」那年，這個球隊得到七勝，隊員完全是前年失敗的老成員。第二年，同樣的隊員又獲得第三年的世界選手權。為什麼他們會創下如此的佳績？這是因為他們勤奮練習，再加上對足球的熱情所締造出來的非凡成果。

「熱情」對足球隊的效用，在公司、教會、國家，甚至個人方面也同樣都可以產生。人們在熱情燃燒的時候，眼中充滿光芒，態度機敏而有生機。有這種熱情，對工作和人的態度，就會有不同的表現。對人類產生強烈的熱愛和關心，就是你對人類付出的熱情。

如果引用紐約中央鐵路公司前任負責人維里阿姆遜的話，就是：「我隨著年齡的增加而逐漸瞭解『熱情是成功的最大秘訣』。成功的人和失敗的人之間，在能力上沒有太大的差異。但是把兩人排在一起的時候，熱情的人比較有利，有能力的人未必可以勝過有熱情的人。」受維里阿姆遜的信條感動，我也經常把熱情的重要性記載在我的小冊子上，發給我所授課程的學生。

熱情，這種東西不是表面而膚淺的，熱情是從人的內心深處散發出來的。只是表面的熱情無法維持很久，持久的熱情是先設定好一個前進的目標，然後向這個目標努力奮進，等到目標達成之後，再設定另一個目標繼續努力，即使是遇到挑戰，持續的熱情也不會改變。

熱情會戰勝怠惰，帶來成就事情的能力。紐約市有一位卡布拉姆博士，他奔波於美國癌症協會的活動卻無法得到世人支持的時候，頗為失望地說：

「我每次有新點子或是新提案的時候，總是被『這個方法以前已經做過，就是沒效』或是『這種提案大概沒有人肯採納吧』等回答拒絕了。有一次，我與往常一樣站起來向同事說明自己的想法，但是我不再指手畫腳做出誇張的動作，我以熱情、誠意、認真的態度來表達我的想法。當時，我雖然無法完全將自己的心意表露無遺，但是我可以感受到同事聽我說話時的熱心眼神。最後，我們的防癌對策活動便如火如荼地展開。」

當我在說明熱情的重要性時，有人說：「遇到一些討厭又必須去做的事情，或是不太懂又不想去知道的問題，我們要怎樣做才可以激起內心的熱情？」

我給他們的回答是：「不管什麼事情，都要和克服恐懼感一樣，對自己最關心的事情先加以組合，然後努力地鑽研，不久你將會發現，原來事情不是自己想像中那樣沒有趣味，那樣困難。」

在這個時候，我的助理接著問：「要使那些學生產生五倍以上的熱情，到底要怎麼做？」我說：「第一，即使很勉強，你也要做出很熱情的樣子，這樣久了，你就可以成為一個真正熱情洋溢的人。第二，要把自己組合起來的問題當作生活的一部分，盡可能地去收集資料，如此在不知不覺之中，自然也就會對問題產生興趣。例如：我原來對林肯總統的事及他的書根本都不關心，但是現在我卻成為這個人物的狂熱支持者。華盛頓和林肯都是非常偉大的人物，但是我沒有那麼熱烈支持華盛頓，那是因為我不太想瞭解華盛頓的事情。可見得我們大多數只是把熱情投向我們想知道的對象而已。到底『熱情』是指什麼？這是一種內在感情的外在表現。所以，你不如讓每個人說說他們自己的內心感情，相信他們一定會說得非常好。」

激起熱情的方法還有一種，就是在做任何一件事情之前，先給予一兩句勉勵的話。這種事前的熱身運動，在運動競技上，是教練經常用來鼓勵隊員的，推銷公司的主任對推銷員及團體活動主任對團員也經常運用，而且這種熱身運動也可以用於自己身上。紐約有一位從卡內基課程結業的女性，因為懂得付出熱情，所以找到新工作。這位女性希望在秘書學校畢業後可以當醫生秘書，但是她應徵幾次，院方都以她沒有經驗拒絕她。因此，她決定將在卡內基課程中所學的，實地應用出來。在面試之前，她先為自己進行熱身運動：「我想要做這份工作，願意為這份工作學習技術。我是一個既勤勉又誠實的人。我自信對這個工作有能力，而且對醫生而言，我真的可以成為一項有價值的資產。」在沒有到達面試地點之前，她反覆地在心中背誦這些話，到達事務所之後，她充滿自信地走進去，並且以充滿熱情的口氣回答所有問題，結果被錄用了。

幾個月以後，這個醫生對她說：「原本看到你的就職證明書時，我們只是形式上給你面試，不想真正錄用你，因為你沒有經驗，但是我被你的熱情打敗，決定暫且一試。」其後她繼續堅持她的熱情為人服務，終於成為非常優秀的醫生秘書。

南非有一位我的課程學生亞可夫馬基，應用富有熱情的思考方法，終於與原來難以應付的客戶締結買賣關係。亞可夫馬基曾經在契約租賃吊車公司作推銷員。據他說，他的主管史密斯是一個非常無禮又不懂得謙虛的人，亞可夫馬基兩次提出與他見面的申請都遭到拒絕，第三次亞可夫馬基決定不管怎樣要想辦法見他一面，他說：

「當天，史密斯也和平日一樣傲氣地站在自己的桌前，其他的推銷員站在旁邊，史密斯的臉像番茄一樣紅，推銷員們都在發抖，我以自己的熱情想去壓抑恐懼感。當史密斯說：『下一個』時，我戰戰兢兢地走進屋子裡。

「史密斯一見到我，就大聲地說：『怎麼又是你，到底有什麼事情？』我先微笑，然後把自己心裡的話以充滿熱情的口氣一言一語地說出來：『我想把公司的吊車租給對面的公司。』史密斯聽到我的話，先是一陣的愕然，但是立刻又以一種奇妙的眼光注視著我，接著他說：『你先在這裡坐一會兒等我。』一個半小時之後，史密斯再出來問我：『還是要談那件事情嗎？』由於我選擇穩定而有力的說話方式，結果我獲得很大的收穫，以後各種交易都很容易地取得成功。」

而且，我還要特別提醒你們的是：熱情不能和隨便擾亂、隨便叫喊混為一談。我所說的熱情，是指高尚的精神資質，也就是指人類內心深處的東西。也有人說這是被壓抑的興奮。如果你的心燃燒著某種意欲，你就會有興奮感，這種感覺如果再高漲一些，你的臉、眼睛、靈魂及人格就會閃閃發光。這個時候，你自己會被感動，也會促使別人感動。

任何一種活動只要投入精力，自然就會產生感情上、精神上的能源。身體情況良好是產生熱情的健全泉源，因此在早晨上班之前，很多人喜歡體操、慢跑、騎腳踏車，這些運動不僅對健康有益，也可以提高工作的士氣。

上過我的課程的人經常會建議自己的親友一起參加，而且每個地區的結業生還定期聚會，報告自己經過課程培訓之後所獲得的收穫。再者，很多我的課程學生以自己在課程中學到的熱情，運用到自己的生活中，自己的人生有非常顯著的變化。

加拿大消防隊員達克狄里斯，也是學習我的課程的結業生之一。他在一所學校說明防火之道時，充分表現他的熱情。他說明當時的情形：「我穿著消防隊的制服進教室，身穿防火雨衣、手拿搭鉤、頭戴鋼盔、腳穿防火靴。首先我先簡短地說明消防隊為什麼要穿這樣的服裝，準備這樣的道具，其次再告訴他們不可以玩火柴的理由，接著再讓小朋友們看兩捲有關防火的錄影帶。看完錄影帶以後，我充滿熱情地向小朋友們說：『你們都可以成為一位名譽消防隊員。也就是說，當你家發生火災時，你要教你兄弟姊妹、父母、叔叔、伯伯如何滅火、逃生。例如現在這裡發生火災，煙霧瀰漫整個屋子，你應該怎麼做？你們應該四步併作一步，快速爬出教室。』結果，小朋友們一陣喧譁，老師們很驚訝，但是我非常高興，因為小朋友們已經開始跑到走廊練習爬行。」

住在洛杉磯的馬斯西亞女士，敘述一位同班女士的經驗。她說：「這位女士已經完全跟不上社會的腳步。最初要和她說話時，她還一副戰戰兢兢的樣子，後來才知道她在結婚十九年以後的最近離婚了。但是，在聽課之後，發現她已逐漸開始對別人有些熱情。不久之後她再次結婚，此後她對任何事情都可以付出她的熱情。她與訪客談有趣的事情，裝飾自己的家。現在和她交往，讓人覺得很快樂。」

其實，我認為我的教室輔導員最大的責任，就是如何讓全班的同學產生熱情，其指導原則就是讓同學們看到奇蹟。別人的成功可能不太能刺激個人的熱情，但是看見自己班上原本害羞型的人，變得熱情有勁、生龍活虎，就可以產生某種激勵。

如果輔導員自己本身就欠缺熱情，則學生也不會被激起熱心來，因此輔導員們必須有所覺醒，上課時自始至終都要保持熱情，充滿熱情。在我的辦公桌上及家裡的鏡子上，貼有以下的格言，很巧的是，麥克阿瑟將軍在南太平洋擔任盟軍司令官的時候，也是以此格言為座右銘：

你的年輕會與你的信仰深淺成正比
你的年輕要與你的自信成反比
你的年老會與你的恐懼感成正比
你的年老要與你的疑惑成反比
你的年輕將和你的希望成正比
你的年老將和你的絕望成反比
年齡也許會讓你的皮膚增加皺紋
但是放棄熱情則會為你的靈魂增加皺紋

以上的格言是對「熱情」最大的讚辭，如果可以發揮這些特徵，人類就可以在自己所做的事情上添加熱情與光輝。

增強自信，戰勝恐懼

如果想要成為一個有勇氣的人，就去嘗試一些至今從來沒有做過，但是讓自己膽怯的事情，而且一直做到有相當的成績為止——這是戰勝恐懼的最佳途徑。

聽過我講課的人大多數都說，透過課程可以得到很多利益，最重要的就是自信心增加。到底是如何讓他們有自信？那就是讓班上的每位成員，至少在眾人面前發表一次談話，藉由這種自我激勵的方法，來克服恐懼感而取得自信。

在平常的日子裡，我也教導我的助理，如何消除學習者的恐懼心理及重新豎起他們的自信心。因為我認為，如果可以讓我的學生建立新的人生觀，每個人都可以消除恐懼心理並且有自信，每個人的視野就會變得開闊。

有時候，我會發現，助理上的課對於剛到教室的新生，反而比不上畢業生的經驗。因此，平常我會把剛修完課程的人請回來，向新生說明自己如何克服恐懼心理，增加自信的過程和經驗。

「在日常生活中，培養一個人勇氣和自信的最好方法，是讓他在大眾面前開口說話。因為，只藉由聽別人說話而從文法、音調、聲色上作批評，不僅無法消除說話者的恐懼感，反而有增加恐懼感的可能。因此，加強對方的自信和勇氣，除了讓他們戰勝自己以外，沒有其他的方法。」這是我平時對我的學生經常強調的話。

在我紐約的教室裡，有一位盲眼女士瑪莉，每次都由導盲犬帶到教室。瑪莉最初很害怕在眾人面前說話，後來助教及同學再三鼓勵她，兩三個星期之後，她已經不再像以前那麼畏懼，不敢說話，但是她仍要求同學不要太在乎她，希望同學們視她如常人。又過了幾個星期後，瑪莉轉到其他班級。這是一個全新的開始，但是她現在沒有任何的恐懼和不安，她可以在人們面前發表演說。她甚至在畢業的演講詞上，說出自己參加卡內基課程後得到的收穫，並且表示想找一份薪水較高且較有成就感的工作。她的同學聽了大為感動，都熱心地為她寫推薦函。

我的課程的基礎就是激起各教室學生學習意欲的「勇氣」。我曾經在密爾瓦基舉辦的工商業者協會的演講中，提到「勇氣」這個話題，「與其留給子孫財產，不如留給他們勇氣和自信。」這是當時我的觀點。

有人問我：「除了在別人面前演講以外，還有什麼方法可以培養勇氣？」我在電台的節目中，做出以下的回答，我說勇氣是金錢所買不到的東西，真正的勇氣可以用加強腕力的方法來培養。即使你是一個像亨利・福特和洛克菲勒那樣有錢的人，你仍然需要一雙強而有力的手腕。為了加強手腕，你需要每天用手擊沙包、用手劈木塊。勇氣的培養也是一樣，首先你必須實際鍛鍊，然後慢慢加強，試著去做原來害怕的事情。只要你願意行動，你就是有了勇氣。剛開始從兩公尺高的地方跳水時，你一定會感到很害怕，為什麼？那是因為以前從來沒有跳過，如果有勇氣踏出第一步，即使剛開始跳不好，但只要你多跳幾次，就會成功，這就是關鍵。而且你這次跳一兩公尺，下次就會想嘗試五六公尺的高度。

如果有一個你想去訪問卻又覺得不好應付的人，你可能只敢在他的家或辦公室門前晃來晃去。但是，只要你拿出一次勇氣進入他的家或辦公室，真正地面對他，也許你就不會那麼恐懼。

參與我的課程的人，對我以上的說法，曾經提出很多篇的報告。其中有一篇是關於現在擔任賓夕法尼亞州布里斯托市塑膠公司董事長的約翰•艾姆，他做出以下的報告：「我參加卡內基課程時，還是塑膠部門的一位技術員，正在研究新的成型技術。當時，公司的特定客戶福特汽車或是通用汽車等公司，會定期派研究團加入我們的行列，一次大約十個人，接受為期三天的研修。公司派我計畫研修課程，並且負責說明新成型技術的規則。我從心裡不喜歡這種安排，因此很害怕這個時段的來臨。我預測自己說不到三句話，研修生就會一個個打瞌睡，因此心裡非常不安。後來同事勸說我去參加卡內基課程，我立刻報名，上過兩三次課後，發現心情輕鬆不少。再經過兩三個星期，我已學會如何取悅聽者或讓聽者隨課程的節奏起伏的新方法。以前我不敢在眾人面前說話，現在我敢了。不是自己學會說話的技巧或秘訣，最主要的是我的心中有自信，僅此而已。還有一件最重要的事情，那就是我已讓自己從自我封閉的軀殼中走出。後來，我由技術員的工作換成推銷員的工作，不久也開了一家公司。」

在現實生活中，有很多婦女把丈夫當作是自己生活的重心，丈夫如果突然去世，就頓時陷於悲愁之中而不能獨立地生活。這些人應該參加我的課程，如果由別人給她們的鼓勵，獲得自信和充實感，即使丈夫不在了，她們一樣可以重新開始生活。

住在密西根州的艾歇爾・羅莎，因為受到與丈夫分離的打擊，考慮以旅行來紓解自己的心情，於是她遊歷基督教聖地和其他的國家。羅莎對當時的事情做出以下的說明：

我在大學裡曾學習公開談話的言語表現法，但是對於在眾人面前說話，仍舊感到十分恐懼，就連看幻燈片時要我說明一下精華部分，我都覺得索然無味。後來，參加卡內基課程，這兩個問題都得到解決。

首先，我會穿著旅行所到國家的民族衣裳。例如：談到南美的時候，我就穿著印第安婦女的服裝，身上戴著各式各樣的寶石，頭上放個大籃子，接著才開始我的經驗談。偶爾我說到重點處時，連道具都得擺出來，所以聽眾都很驚訝。

羅莎夫人的做法可以讓人接受，不久之後到處都有人邀請她演講。除此之外，憑藉著自信，她也把丈夫遺留下來的生意重新組織經營得很好。

羅莎夫人把自己的成就歸功於我的課程。當她看到剛從神學院畢業的年輕牧師，沒有自信而不能完全投入傳教工作時，她也想推己及人，給予他們一些幫助。於是，她決定提供獎學金給年輕的牧師們去參加我的課程。和她住在同一個地區的神學院畢業生，總共有二十八個人得到夫人的獎學金而參加我的課程。其後，由於羅莎夫人的感染而參加我的課程的，有一百五十個人以上。參與我的課程的人，對我的說法，也提出無數篇的報告，其中有一篇是關於南非開普敦市一位名叫摩狄茜卡的事情，以下就是他們的報告：

茜卡是一位家庭主婦，她在自己和外界之間築了一道厚厚的牆。二十五年來，她不曾走出自己的家門之外。家裡要重新粉刷，她也沒有出去參考顏色，就直接讓工人粉刷。即使買東西經常是以電話叫貨，如果不方便才拜託丈夫去買，總之她就是不喜歡到外面與人交談。

有一天傍晚，丈夫說服茜卡參加我的公開集會。當時入場券可以抽獎，正當茜卡被叫了三次名字，好不容易走到領獎台時，我看見她充滿恐懼的臉。

不久，茜卡就參加我的課程。開始時，她變得神經質，上完課後回到家，當晚就睡不著。但是到第三次上課時，她的心情開始放輕鬆，覺得人生有了新希望。最後，她終於走出自設的狹窄世界，發現生命的意義。課程結束，茜卡繼續當助教，並且應南非廣播電台之邀，以「奇蹟」為題，在婦女時間裡訴說自己的經驗談。

培養勇氣的第一步，就是要克服恐懼。正如馬卡斯・歐里斯・安東尼所說：「我們的人生是由我們的思想逐漸累積而成的。」我和我的助手對於勇氣的培養方法，曾做過非常仔細的調查，不僅大量研讀偉人傳記，還訪問獲得成功、攻克難關的多位名人。這些名人給我的回答，就會成為我平時用以克服困難、導向成功的方針。

我認為，如果態度是培養自信的基礎，決定就是確立人生方法的技術。我在自己的著作、公開演講及自己開發的課程當中，曾作過以下的敘述：「如果我們想從心裡改善自己，首先要養成新的習慣。我們的性格、我們的人生，只是我們日常生活習慣的累積。」

為了建立新的希望，在這裡，我特別引用威廉斯的四個原則，以作為培養新習慣的方法，分敘如下：

（一）即使失去所有的機會，你仍然要有新的決定。有一個朋友名叫史達林・哈特，他是一個沉默的男人。有一天晚上，當我們談到笑容的價值時，他決定試著練習微笑。他下定決心之後，就沒有再猶豫。第二天早晨，他開始對妻子、對上班時所遇到的人，都報以微笑，就連守衛、修理電梯的人，甚至是第一次見面的人，他都以微笑待之。就這樣，由於他的決意實行，現在已經是我認識的人中最和藹可親的人。

（二）已經下定決心實行的事情，一次也不可怠惰。你發誓不再喝酒，卻又在無心之下喝酒過量的時候，你不可以說：「這次不算數。」威廉斯教授也說：「該做的事只要偷懶一次，就會像你辛苦捲好的線球落地一樣，瞬間又鬆落滿地。」

自由作家們也認為這一點相當重要。一位叫傑克羅的作家，每天不管遇到什麼事情，都必定要寫上一千句話才肯罷手。

（三）剛開始做事的時候，把全部的熱情投入到培養新的習慣，沒有人可以超越富蘭克林。富蘭克林年輕的時候，曾經把自己創造出來的十三個特長記在表上，稱之為「十三德」。他每個星期專攻一德，不久十三德就都學習完了。一遍結束之後，他又從頭一個重新學習，如此下來，他已養成不斷練習的習慣。

我們經常在下定決心不久以後，立刻又把剛才的決心忘掉。但是富蘭克林不會忘記，諺語上說：「打鐵要趁熱！」富蘭克林就是以此為準則。而且他每天持續地做，就像做遊戲一樣，他不允許自己的熱情冷卻。因此，我們的第一個原則，就是要學習富蘭克林的精神，也就是當你想要培養新習慣時，你必須把所有熱情全部投入。

培養一種新習慣，要把它當作是在完成一件事業一樣全力投入，而且不斷地告訴自己，這個新習慣對你有什麼意義。藉此，你將會更得人緣、更健康，甚至還可以使你增加收入、提升自我的尊嚴。總之，你一定要不斷地向自己強調新習慣的重要性。

（四）你被逼得走投無路的時候，仍然不可就此投降。當年帶領軍隊橫渡多佛海峽的英國上尉辛查傑利亞士，就是最好的證明。他在橫越海峽後，放火燒船，然後把軍隊集合在多佛海峽的岸邊，要士兵們從崖上眺望正在燃燒的船隻。他對軍隊說：「現在我們沒有船，只有正視我們的敵人，等一下我們就要去征服這個國家。」

我們在培養新習慣的時候，也要學習這個故事中置之死地而後生的決心。以上四種方法受到許多聽眾的喝彩和好評，因為它適用於人際關係的改善，可以增加自信心，對人生的體驗也有非常大的激勵作用。

我訓練的入門課程，首先就是要在培養自信心上下工夫。最後有一個「同樂會」的課程，就是要每位學生站出來說話讓別人來評分，藉由各自的聲音和動作，勇敢地面對別人的調侃、奚落，如此很快就可以穩固自信心。

參加過我的課程的人，不是每個人都充滿勇氣，所以必須不斷地給予他們鼓勵，每一次聽課就會增加一次自信心，這個自信心來自助教的講評和表彰、同學們的喝彩，以及休息時間與助教的閒談。

北卡羅來納州有一位叫比琪的婦人，在接受我的課程訓練之後，現在她受到不公平待遇的時候，已經可以立刻到主管那裡為自己爭取權利。在班上，她做出以下的報告：

「三年前，只要接受主管直接的勤務評定時，我總是遵循著業務上的一貫目標。但是，我仍立志要當一個資料分析專家，參加各種課程及研究小組，想把所有部門的工作都學會。因為，我認為公司如果需要再招考資料分析專家的時候，最後總有讓自己出頭的機會。」

「但是事實上不是自己想像的那樣，公司的候選分析專家是向外招考，而且來面談的都是大學畢業的男士。我開始有些猶豫，但還是到主管那裡詢問，為什麼沒有把我列入候選者的考慮範圍之內。主管的回答是這部門的分析家必須是能力很強的人物，也就是必須是可以為這部門帶來改革力量的人物。對於主管把我拒絕於候選人之外的理由我無法接受，我怒不可遏。」

「我越想越嚥不下這口氣，我為了讓自己有資格擔當這份工作，是那麼的努力，而且竟然連資料部主任也以同樣的理由來拒絕我。我最後決定直接找總經理談。見了總經理，我把事情的原委說一遍，並且告訴他自己受到的不公平待遇。」

「我雖然不是大學畢業，但是工作本身不是一定要以學位為條件，何況其他的資料分析家也不是人人都是大學畢業生。我對事情是那麼認真，而且一直朝著這個目標前進，憑著我的實力和經歷，難道還怕比不上其他的候選人不成？我這樣向總經理說明。總經理聽了以後，答應向我的主管要求給予我面試的機會。」

「第二天早晨，我的主管把我叫到辦公室。他非常生氣我直接向總經理提出控訴。後來，我被訓了一頓。但是，我相信自己做的沒有錯，因此我很平靜。如果總經理也和他同一鼻孔出氣，我想他就不會生這麼大的氣。」

「本來我以為自己可以取得這個職位，但是很遺憾的，公司還有其他的問題存在，所以最後決定取消這項招考。但是我內心舒坦多了，因為當初我沒有自信，自己可以承擔這麼大的困難，後來主管的怒氣也消了，反而以敬重的眼光對我另眼看待，今後如果還有類似的機會，我想主管一定會給我。」

德州休士頓的麥克夫人說：「剛搬到休士頓的時候，我一個朋友也沒有，我又沒有勇氣出去和別人認識，因此感到很寂寞。後來，賜給我勇氣的是卡內基課程，它讓我交了很多的朋友。現在到我這裡要求幫助的人也越來越多，兩三年前我真的沒有想到會有現在的收穫。」

培養自信的方法，是必須把我教導的五門課程當作是連貫的一條線，特別是推銷課程是最不可缺少的。如果推銷員對自己沒有信心，如何說服別人買東西？這等於是一門推銷員與顧客之間關係的課程。

維吉尼亞州的一家可樂公司的社長諾曼辛斯基，讓大批的社員接受「和顧客的關係」課程的進修。他說：這個課程給我的社員們自信和表達自己意見的能力。在學生之中，很多是輸送部門的卡車司機，他們雖沒有受過高等教育，但由於有自信，工作做得比以前更好。更要感謝的是，我們企業階級的層次也提高很多。

社員們有自信，經營幹部也比以前更具有信心，而且更願意提出意見，凡是對公司全體有利的建議，他們都樂於向經營者反映。

雷蒙德巴里在美國足球隊裡，是接球的世界紀錄保持者，當他還是「老虎隊」的成員之一的時候，曾接受我的「培養人才」的課程。修完我的這個課程之後，巴里對助教說：「這個課程讓我發揮調溫裝置的功能。怎麼說呢？接受這個課程後，不管發生什麼事情，我都可以自由控制。」這正是更具自信的典型。

用正確的思考方法提高工作效率

正確的思考方法可以提高你對工作的興趣。你得為自己本身的問題好好想想，如果你把一半的時間花在工作上，仍然不減其興趣，你人生的幸福也許可以增加兩倍。但是，當你在工作上找不到幸福時，很可能在其他地方也找不到幸福。所以你必須記住，覺得工作很有趣的時候，你的煩惱就可以一掃而空，至少你的疲倦感也可以降至最低，得以陶醉其中。

經營的基本要務在於順利地調整人際關係，有一個特別的小組織稱為「卡內基經營討論會」，就是採納我的人際關係理念，來開發經營能力的討論會。這個課程是我的所有教室的幹部和合夥人策劃的程序表，對經營能力的提高有很好的效果。一九六七年，逐漸有很多人加入經營討論會的陣營之中。之後，美國、加拿大、日本、德國、法國、瑞士、西班牙、澳洲、阿根廷、英國、紐西蘭、丹麥等國家，也相繼有四萬人參加。

波音航空公司有一個有名的小型飛機製造廠，一九七二年六月二十日，這家公司已經有二十三名重要的工作人員修完「卡內基經營討論會」的最後課程。那一年，有一個颱風侵襲美國東部，使得波音公司的工廠也遭到破壞，庫存、機械、建物、設備等損失合計兩千三百萬美元。

公司經理馬亞格和其他主管，以黯然的眼神視察颱風過後的慘狀。經理馬亞格說：「工廠幾乎完全遭到破壞，為了從衝擊中再度爬起來，我們必須重建工廠，盡快開發生產。但是，再怎麼樂觀處之，想要重新生產和出貨，最快也要到十二月。」

剛修完經營課程的管理員吉姆，開始將習得的原則用於公司的重建之中。他對各個部門進行調查，而且為每個部門制定目標和進度表，分為短期目標和長期目標。

馬亞格經理也對事情經過進行扼要的說明。他說：「各個部門的聯繫很快地得到進展，進而產生合作的精神，每個人都有參與的意願，而且比以前更團結合作，結果九月新的飛機就開始出貨，比原先的預訂提前三個月，這完全歸功於卡內基課程的訓練。」

生產技術部門的經理傑克事後敘述說：「全體員工在領導人的呼籲之下，朝既定的目標進行，每個人都要拿出前所未有的合作精神同心協力，而且各個部門緊密聯結，互相信任，有問題一起分析討論，決定一個解決方案。」

「隨著每個人的不斷努力，問題一件件得到解決，員工的士氣也有很大的提高，每個人都為公司的重建而竭盡全力。」

我經營的課程是所有行業的經營管理者都可以參加的，其學生分別來自製造公司、批發商、行政機關、學校、醫院、銀行、非營利團體。

這個課程強調的是經營者運用人才的經營方法，其成功的地方，在於每個人為了達成共同的目標而自發地去克服困難。它的基本機能有調整管理、組織企劃、學習經營及管理的各種技術和對問題的判斷、分析能力。

經營課程的目標之一，在於學習創造性的思考能力，並且活用於解決問題，其間採用綠色信號思考法和集體創造性思考法的會議法，給予實際的組織及解決問題的能力。每個會議結束的時候，參加者就會被要求將所學的知識運用到工作之中，為公司的利益做一番謀劃。

生產量提高的關鍵在於正確的計畫和有效的管理，因此經營管理者必須為自己制定計畫及明確的管理方法。參加過我的課程之後，一個管理者最顯著的變化就是在於對人態度的轉變。管理者和經營者因此而能給予部下更多的許可權和責任，並且經常與他們一起商量，使部下的才能及能力得以發揮。

經理課程也教導人際交流技術。對此，德姆查理也做出以下的說明：「這個課程對我的公司有很大的貢獻，其中最重要的是為我們打開交流之道，每個人都可以站在自己的崗位上，發揮經驗及能力上的公平原則，並且每個人都可以毫不猶豫地發問，為了公司，他們可以承受任何的責難。結果，公司的體制有組織地重新建立起來，而且在很短的時間裡，就把所有計畫付諸實行。公司員工在經營的方法和需要上，也比以前更容易理解。」

管理部下的時間和自己的時間，是促進經營成功的重要因素之一。經理課程還包括時間管理訓練，這個訓練使參加者有很大的改變。紐約市工程技術公司的會計德里斯弗曼，運用時間管理的方法，在一定的期間，調查員工的就業生活，並且對工作量作更合理的分配。德里斯弗曼對自己的時間安排，也進行一番檢討，並且對工作加以反省組合，把一些瑣事委託手下，讓自己輕鬆一下，以便找出更方便的管理方法及更有創造性的方法。

總而言之，訓練班集合各行各業的學生，其中亦不乏大企業的董事長、主任、醫院的護士、銀行的經理、公司的經理、學校的校長。最近，在紐約參加課程的還有聯合國的員工、全美國童子軍的幹部、老人院的院長、石油公司的研修部經理。

經由各種組織的交流，首先讓學生理解如何去面對問題，接著讓他們理解在面對問題的時候應該如何去解決，而且也讓他們理解在經營上的諸多問題都有共同的特徵。

傑克是紐約市哈林區的麻疹患者更生訓練的專家，他進行以下的報告：「自從在討論會中學到一些工作原則之後，我將它運用於自己的班上，發揮很大的作用。雖然從事人事管理的我還是一個新手，以前也沒有經過什麼基礎的訓練，然而我將所學的知識應用出來，仍得到無可限量的價值。」

我的推銷課程與其他課程一樣，目的在於提高交流的能力，不僅是理論的，也是實用的。這個課程的目的在於提供銷售的實用知識，並且藉以提高銷售技術。銷售技術雖然是每天的、持續的，但是此課程所要強調的是有動機的銷售，及達成時間管理既定的目標、調節態度、培育更多熱情的方法。

我的推銷課程是以波西・懷汀的著作《銷售的五大金科玉律》為教科書。這五大原則和其他銷售技巧的應用，經常是以會議方式進行學習，學生們必須報告自己如何在一個星期的時間裡使用五大原則和技巧。

費城有一個學生米羅貝爾，在一家自用設備公司銷售抽水機的包裝材料，他經常扮演橋樑的角色，為顧客說明製品的用處及顧客買後獲利的地方。

他說：「我銷售的物品需要二十五美元才可以買得到，與我競爭的對手銷售的價錢只有六美元。我為顧客說明這種製品的價錢，要他們正確地認識一分錢一分貨，並且經由自己和顧客一起精打細算，讓他們明白，我們公司的製品除了保養費花費較少以外，買主以二十五美元購買，實際上還可以節省七百美元。」

在伊利諾州擔任推銷員的洛克，寫了一封信給他的輔導員：「我雖然只上了一個學期的課，但是如你所說：『客人有意買我的東西，要對顧客說明製品的用處，讓他認為買這些物品很值得。』這些話，已經有如魔術般地發揮奇效。今天我推銷一本書，只用一天的時間，訂購的金額已經高達一萬六千美元。在此，我先向你致謝，下星期見面再詳談。」

匹茲堡一家國際租車組織的推銷員哈米魯德，經由課程所學，能仔細觀察買方的反應，進而採取下一步的行動。

哈米魯德說：「在未上課之前，我每次做銷售調查的時候，只有說明商品及服務的有關專案，沒有注意到顧客真正關心的到底是什麼。現在，我已經能察覺一般顧客關心的事及其動機，在時間方面不僅比以前節省許多，和顧客的交往也更容易。」

米羅貝爾應用良好推銷員的原則而取得銷售契約。其實，他沒有用天花亂墜的言語，只是將可以節省花費的優點具體地描述。推銷課程的重點在於：瞭解買方的購買意願。這種學習方法可以在教室以戲劇的方式來進行。

為了介紹人際關係的原則，我研究提供「和顧客的關係」這個課程。參加這個課程的有電話推銷商、批發商、修理工人或其他在工作上必須直接與客戶談話的人。我的「和顧客的關係」課程的基本題目，不僅強調使顧客能接受自己所提供的物品及服務，還說明售貨員自己是否需要課程，以及他們的遲鈍反應對工作造成影響。

諾曼吉斯是百事可樂公司的總經理，他教導公司的推銷員要記住客人的名字，以提高銷售量。他說：「卡內基的人際關係原則，也就是要隨時記住別人的名字，增加親切感，如此不僅對物品的銷售有很大的效果，而且也可以與顧客建立良好的關係。」

在紐澤西州為銷售業者所開的我的「和顧客的關係」課程中，也強調這一點。有一個學生說：「可以記住顧客名字的從業員，可以得到很多的客戶。此外，一些價錢較便宜的加油站，如果也可以記住顧客的名字，顧客們同樣也會感到受寵若驚。」

由紐澤西州的石油組織派來的四十個加油站從業人員，熱心地傾聽輔導員的講課。輔導員做出以下的說明：「每次我把車子開進加油站的時候，從業員就會不疾不徐地為我服務，他們口中好像說了什麼，但是我只聽到『加多少？』這樣一句話。等他們為我加滿油之後，我便付了錢，服務員連一聲『謝謝』都沒有說，就走掉了。」

「各位，如果有人到你家拜訪，你將以什麼態度來迎接他？你會讓客人按門鈴以後，還要在門外等上五分鐘嗎？你會在客人要回家時，不打個招呼就讓他回家嗎？」

「各位，如果今天去加油的人是你，你還會去第二次嗎？石油公司花費數百萬美元做宣傳，為的不就是要提高公司的服務品質嗎？公司的負責人花了這麼多的錢，本來以為可以增加些顧客，沒有想到由於從業員的態度，反而把顧客趕跑了。」

「到加油站加油的顧客，不是和你家的客人一樣嗎？各位！除了應該歡迎客人，也應該感謝他們的光臨，這樣他們才會再來！」

很多銀行和金融機關將我的「和顧客的關係」課程，利用於出納組，因為出納員雖然不必銷售任何的東西，但是每天要接觸絡繹不絕的人群，所以出納員的態度和行動對整個企業有非常大的影響。

維吉尼亞州的某百貨公司，將銷售部門的大多數員工都送去聽我的「和顧客的關係」課程。當課程結束的時候，這家百貨公司在地方報紙上刊登一則廣告，並且附上課程的解說，及修完課程的學生照片，其於一九七二年五月登載的這則廣告如下：

滿足顧客的節目登場，卡內基的「和顧客的關係」課程的榮譽第三期生，誠懇邀請你到百貨公司購物，因為他們正等著為你服務！他們將堅持溫和、誠實、親切的態度，打心裡為你服務。你的光臨就是我們的成功。

只要可以提供你一個舒適快樂的購物空間，就是我們服務的成功。

卡內基的「培養人才」課程大致與「和顧客的關係」課程一樣，但是這個課程比較重視一般人與公司同事間的應對事宜，許多公司都將這個課程運用於培養人才。

這個課程的中心思想在於開發良好的人際關係，有效率地促進溝通。也就是為了使工作更有趣，每天必須要有更積極的適應態度，去理解自己及別人，制定自我管理的目標，激起更多自我表現的熱情，找出更適切的質詢方法，成為一位好的聽者。我的「培養人才」課程，在行政機關和工廠、各種銷售業、銀行等機關都有開班。

佛羅里達州某汽車公司的副總經理發現，公司員工在接受課程的訓練以後，做起事來比以前更有勁。他說：「以前公司經常遇到的問題，是修理工人也必須到物品部門為顧客取貨，而且讓客人等得不耐煩。但是自從接受卡內基課程的訓練以後，他們的態度完全改變，他們運用自己學到的知識，減少客人等待的時間。」

伊利諾州某家金融機構的副董事長，對於讓員工參加我的課程，提出以下的感想。他說：「他們比以前更樂於從事自己的工作。他們學會對顧客展露自然的微笑，知道如何去關心顧客，不管顧客向他們提出什麼疑問，他們都願意回答，雖然有時答不出來，但也從來不驚慌，因為他們還可以再去請教別人。他們的彼此交流能力似乎也提高了，這種能力的提高可由顧客及同事之間的相處看出。他們比以前更可以當一位好的聽眾，比以前更有自信，應對也比以前更得體。」

「如果為別人服務不是發自真心，就不算是真的服務。我們和其他金融機構一樣，都在努力爭取顧客，同樣要遵照政府的規定，不能把利息放得比別人高。但是，我認為唯一可以勝過其他公司的方法，就是提供較好的服務。我讓員工都接受正確的服務訓練，卡內基的和顧客的關係課程，就是朝這個方向邁進的方針。」「培養人才課程」的另一個重點在於處理事情的方法，以下是四個處理措施：

1. 傾聽他訴說——不厭其煩地讓他把話說完。
2. 尊重訴苦的人——在這個節骨眼上，一定要滿足他。
3. 要向他表示感謝之意——感謝他讓你知道他的苦楚。
4. 要感到抱歉——告訴他：「這個問題也許有其他原因，是我沒有注意到的。」

也有人原先不信任我的原則，等到真正實行以後，才發現它對生意或人事上的幫助。這些人不信任我，是因為他們忽視我的課程重點，誤解我的課程的哲學。

關於這一點，我進行以下的說明——我所說的人際關係，和被人喜愛這種事情，是不相干的兩件事情。如果說這是我們的主張，我會立刻要求停止我的工作，因為我的人際關係原則，最主要在於人與人之間的溝通，要凡事都為別人著想，讓別人也試著去做；要把握其真誠的精神，不要只以偽善來爭取每個人的認同。

良好的人際關係，是一個人被認可的基礎。和某一個人交往，不是一定要去喜歡那個人，但是想要別人肯定自己，就要先肯定別人。身為一個人，施與受有同樣的權利，別人給你多少，你也要給別人多少。你要求別人容許自己的失敗，同時也要容許別人的失敗。

喜歡別人或是被別人喜歡，不是可以隨心所欲，但是我們可以判斷自己對別人的處理方式是否正確，而且讓每個人都有接受公平處理的權利。

這和與人的親密關係不相干，因為有時候吵架反而會增進良好的人際關係。人嘛！總是要經常接受挑戰。

我教導的課程成功的理由之一，在於主張個人的重要性，使我們站在被尊重的立場上做事。每個人都有獲得肯定的渴求。我們的工作就是協助每個人發揮自己的內在潛力，達成內心的願望。可以如此，人類就可以清楚地將獨特的個性釋放出來。

心學堂 08

卡內基
人性的優點。

作者	戴爾・卡內基
譯者	雲中軒
美術構成	騾賴耙工作室
封面設計	斐類設計工作室
發行人	羅清維
企劃執行	張緯倫、林義傑
責任行政	陳淑貞
企劃出版	海鷹文化
出版登記	行政院新聞局局版北市業字第780號
發行部	台北市信義區林口街54-4號1樓
電話	02-2727-3008
傳真	02-2727-0603
E-mail	seadove.book@msa.hinet.net
總經銷	知遠文化事業有限公司
地址	新北市深坑區北深路三段155巷25號5樓
電話	02-2664-8800
傳真	02-2664-8801
網址	www.booknews.com.tw
香港總經銷	和平圖書有限公司
地址	香港柴灣嘉業街12號百樂門大廈17樓
電話	（852）2804-6687
傳真	（852）2804-6409
CVS總代理	美璟文化有限公司
電話	02-2723-9968
E-mail	net@uth.com.tw
出版日期	2021年03月01日　一版一刷 2022年06月10日　一版八刷
定價	280元
郵政劃撥	18989626　戶名：海鴿文化出版圖書有限公司

國家圖書館出版品預行編目（CIP）資料

卡內基 人性的優點 ／ 戴爾・卡內基作 ； 雲中軒譯.
-- 一版. -- 臺北市 ： 海鴿文化，2021.02
面 ； 公分. --（心學堂；8）
ISBN 978-986-392-361-9（平裝）

1. 憂慮　2. 情緒管理　3. 生活指導

176.527　　109021773

SeaEagle

SeaEagle